Gabriel Dumont:
MÉMOIRES

Gabriel Dumont:
MÉMOIRES

Les *Mémoires dictés par Gabriel Dumont*
et le *Récit Gabriel Dumont*

Textes établis et annotés par
Denis Combet

Les Éditions du Blé
Saint-Boniface (Manitoba)

b29070016

Nous remercions le Conseil des Arts du Canada
et le Conseil des arts du Manitoba de l'aide accordée
à notre programme de publication. Nous remercions également
la *Winnipeg Foundation* de l'aide accordée à la diffusion de cet ouvrage.

Maquette de couverture : Bernard Léveillé, Rinella Printers
Œuvres de la couverture : Photo de Gabriel Dumont
   (Archives Glenbow – NA-1177-1);
   « La prise de Batoche », sérigraphie en couleurs
   (Bibliothèque et Archives Canada, C-002424)
Mise en pages : Lucien Chaput
Impression : Hignell Book Printing, Winnipeg (Manitoba)

Les Éditions du Blé
Saint-Boniface (Manitoba)
http://ble.recf.ca

Distribution en librairie :
   Diffusion Prologue inc., Boisbriand (Québec)

FC
3217.1
.D85
A3
2006

Catalogage avant publication de Bibliothèque et Archives Canada

Dumont, Gabriel, 1837-1906.
   Gabriel Dumont : mémoires : les Mémoires dictés par Gabriel Dumont
et le Récit Gabriel Dumont / textes établis et annotés par Denis Combet.

Textes en français et en anglais.
Titre de la p. de t. addit., tête-bêche : Gabriel Dumont, memoirs.
ISBN 2-921347-91-1

   1. Dumont, Gabriel, 1837-1906. 2. Riel, Rébellion de, 1885–Récits personnels.
3. Métis–Canada (Ouest)–Biographies. I. Combet, Denis P. (Denis Paul), 1955–
II. Titre. III. Titre : Récit Gabriel Dumont.

FC3217.1.D84A3 2006   971.05'4'092   C2006-904448-1F

SOMMAIRE

PRÉFACE

Gabriel Dumont, né à Saint-Boniface (Manitoba) en 1837, est
mort à Bellevue (Saskatchewan) le 19 mai 1906, des suites d'une
crise cardiaque. Il vivait alors sur la propriété de son neveu
Alexis Dumont. Il fut enterré à Batoche par le père Julien
Moulin, o.m.i., là où une vingtaine d'années plus tôt il avait
défendu avec courage, aux côtés de Louis Riel et des siens, les
territoires métis de la rivière Saskatchewan-Sud, contre les
forces canadiennes menées par le général Middleton. Cette édition des *Mémoires dictés par Gabriel Dumont* et du *Récit Gabriel
Dumont* coïncide avec le Colloque « Gabriel Dumont : Histoire
et identité métisses » (Collège universitaire de Saint-Boniface,
les 21, 22, 23 septembre 2006) et la célébration du centenaire de
la mort du général de Louis Riel. Ces manuscrits, conservés à la
Société historique de Saint-Boniface, retranscrits entre 1902 et
1903 par un auteur anonyme, sont publiés pour la première fois
en une édition bilingue, française et anglaise.

Une version de ces deux textes a été publiée par Denis
Combet dans les *Cahiers franco-canadiens de l'Ouest* (vol. 14, nᵒˢ 1
et 2, 2002, p. 105-156) sans la traduction anglaise. La présente
édition, revue et corrigée, est augmentée d'une nouvelle introduction et d'une annotation plus précise. Dans la mesure du
possible, nous avons donné une traduction anglaise fidèle au
texte français. L'ouvrage de Michael Barnholden, *Gabriel
Dumont Speaks* (Vancouver : Talon Books, 1993), qui présente
une traduction en anglais des mêmes textes, est accompagné
d'une introduction explicative où l'auteur souligne qu'il pro-
pose une « interprétation » des témoignages.

Il existe aussi un récit dicté par Gabriel Dumont, recueilli à
Montréal en 1888 par B.A.T de Montigny, quelques années
après les événements de 1885, qui ne traite que des combats du
lac aux Canards, de l'Anse-aux-Poissons et de Batoche. Ce

témoignage a été publié dans Adolphe Ouimet, *La vérité sur la question métisse au Nord-Ouest* (Montréal, s.é., 1889). Le témoignage recueilli par de Montigny a été traduit par George F. G. Stanley sous le titre «Gabriel Dumont's account of the North-West Rebellion, 1885» et publié dans la *Canadian Historical Review* (vol. XXX, septembre 1949, p. 249-269). Pour une brève étude comparative des deux récits de Gabriel Dumont, voir Lise Gaboury-Diallo, «"Batoche" selon Gabriel Dumont: une étude de l'historicité de ses mémoires», dans *L'Ouest: directions, dimensions et destinations, les actes du vingtième colloque du Centre d'études franco-canadiennes de l'Ouest tenu au Collège de Saint-Boniface du 15 au 18 octobre 2003*, sous la direction d'André Fauchon, Presses universitaires de Saint-Boniface, 2005, p. 99-114.

Nous aimerions présenter nos remerciements aux personnes qui ont contribué d'une manière ou d'une autre à la réalisation de cette publication. Pour leurs suggestions, leurs commentaires et leurs corrections, nous remercions, John Bluethner (Collège universitaire de Saint-Boniface), Reinold Kramer (Brandon University) et Diane Payment (historienne). Nous adressons aussi nos remerciements à nos collègues et amis Sandrine Hallion Bres (Collège universitaire de Saint-Boniface), Emmanuel Hérique (University of Victoria), Gilles Lesage (Société historique de Saint-Boniface) et Anne Sechin (Collège universitaire de Saint-Boniface) pour leurs diverses contributions. Enfin, pour leurs encouragements et leur travail éditorial, n'oublions pas Lucien Chaput et Roger Léveillé des Éditions du Blé.

Gabriel Dumont :
le Prince des Prairies

GABRIEL DUMONT appartient à une famille qui joua un rôle remarqué au sein de la communauté métisse des régions de la Saskatchewan et de l'Alberta. Son grand-père, Jean-Baptiste Dumont, quitta Montréal en 1790 pour s'installer dans les Pays-d'en-Haut. En 1793, Jean-Baptiste Dumont, qui travaillait pour la Compagnie de la Baie d'Hudson dans la vallée de la Saskatchewan et au fort Edmonton, épousa Josette Sarcisse de la nation des Sarcees, un peuple qui faisait partie de la confédération des Pieds-Noirs. Ils eurent trois fils, Gabriel, Jean-Baptiste et Isidore qui travaillèrent eux aussi pour la compagnie anglaise, comme chasseurs, fréteurs ou guides. Isidore Dumont se maria à Louise Laframboise en 1833. C'est lors de leur court passage à la colonie de la Rivière-Rouge que Gabriel vit le jour en 1837[1]. Isidore vécut pendant quelques années de la vente du pemmican et fit un peu d'agriculture. En 1840, il participa aussi à la fameuse chasse aux bisons dirigée par Jean-Baptiste Wilkie, décrite avec amples détails par Alexander Ross dans son livre *The Red River Settlement*. Les Dumont devaient par la suite s'établir dans la région de la rivière Saskatchewan-Nord près

---

[1] Pour une biographie détaillée de la vie de Gabriel Dumont, voir Georges Woodcock, *Gabriel Dumont: The Métis Chief and His Lost World*, Editor J. R Miller, Peterborough (Ont.): Broadview Press, 2003; Dan Asfar et Tim Chodan, *Gabriel Dumont: War Leader of the Métis*, Edmonton: Folklore Publishing, 2003.

Gabriel Dumont en 1887. Collection Mallet, Union Saint-Jean-Baptiste, Woonsocket, Rhode Island.

de Fort Pitt jusqu'en 1848. À cette date, ils décidèrent de retourner dans la colonie de la Rivière-Rouge qui était devenue non seulement un centre de commerce pour les nombreux Métis qui s'y déplaçaient, mais aussi un endroit où rayonnait une culture distincte.

L'enfance et l'adolescence de Gabriel sont peu connues, mais les quelques témoignages oraux qui mettent en lumière la vie semi-nomadique qu'il vécut avec sa famille près de Fort Pitt, font ressortir les qualités physiques et guerrières du jeune Métis. C'est durant le voyage des Dumont à la Rivière-Rouge en 1848, près du fort Ellice, que Gabriel, alors âgé de 11 ans, crut entendre des cavaliers sioux et en donna l'alarme à son père en lui demandant une arme. Il ne s'agissait pourtant que d'un troupeau de bisons, et malgré les moqueries de ses camarades, son oncle, Alexis Fisher lui donna un petit mousquet pour le récompenser d'avoir voulu combattre. Trois ans plus tard, il participa à la bataille du Grand Coteau (1851) qui opposait un parti de guerre sioux à un convoi de chasseurs métis de la communauté de Saint-François-Xavier. Ce dernier épisode est d'autant plus important que la victoire du Grand Coteau se situe dans l'histoire de la nation métisse sur le même plan que la bataille de La Grenouillère (1817) et l'affaire Guillaume Sayer (1847), événements qui contribuèrent respectivement à la naissance de la nation métisse et à sa reconnaissance comme force politique. Si dans les deux derniers cas il s'agissait d'une confrontation avec la Compagnie de la Baie d'Hudson, la victoire du Grand Coteau sur leurs ennemis héréditaires, les Sioux, permit aux Métis de se déplacer plus librement du côté des États-Unis et d'y développer le commerce du pemmican.

L'année 1858 correspondit aussi à deux événements importants dans la vie de Gabriel Dumont: la perte de sa mère et son mariage à l'âge de 21 ans avec Madeleine Wilkie, célébré par le père Joseph Goiffon dans le village de Saint-

Joseph, au Dakota du Nord, au sud de la frontière canado-américaine. Il semble que la relation entre les deux Métis fût très bonne tout au long de leur vie, et s'ils ne purent avoir leurs propres enfants, ils adoptèrent une jeune fille, Annie, et un jeune garçon, Alexandre. Puis, le jeune Métis allait dès lors jouer un rôle remarqué dans sa communauté près de Fort Carlton. Il s'adonna aux activités traditionnelles de son peuple, surtout à la chasse où il excellait comme cavalier et tireur. Chose remarquable, il fut choisi, dès l'âge de 25 ans, comme chef de la chasse au bison, honneur qu'il détint régulièrement de 1863 à 1880.

Ce penchant pour la vie dans les vastes étendues des prairies se retrouve aussi dans les relations qu'il entretint avec les Premières Nations. S'il combattit pour les Cris, les alliés des Métis, il excella aussi sur le plan diplomatique, une qualité attribuée au clan des Dumont. En 1860, par exemple, on le vit au Lac du Diable négocier aux côtés de son père Isidore et de son frère Jean avec les Sioux Dakotas alors menacés par l'avancée des troupes américaines. Quelques années plus tard, les Dumont négocièrent un traité de paix avec les Pieds-Noirs. Ils furent aussi interprètes lors du fameux Traité n° 6 qui fut signé en 1876 à Battleford en présence du lieutenant-gouverneur Alexander Morris et des Nations cris, assiniboines et chippayas.

Tout au long de sa vie Gabriel Dumont négocia avec diverses nations amérindiennes en vue de faciliter le passage des Métis sur les terres de leurs ennemis ou de souder des alliances politiques, comme ce fut le cas en 1870 quand il proposa à Louis Riel de venir l'aider dans le but de résister aux troupes de Wolseley qui s'avançaient à la Rivière-Rouge. «Si tu fais quelque chose, dit-il, envoie-moi chercher, et je viendrai avec les Sauvages.»

Gabriel Dumont et les Métis
de la rivière Saskatchewan-Sud (1868-1884)

Vers 1868, Gabriel Dumont et son groupe de chasseurs s'établirent près de la ville actuelle de Saskatoon et fondèrent une nouvelle communauté, la Petite-Ville. C'est à cette époque que Gabriel fit la connaissance du père Alexis André, rencontre qui devait jouer un rôle crucial dans la vie du chef Métis. Ce missionnaire Oblat de Marie-Immaculée originaire de la Bretagne, tenta, comme beaucoup de ses confrères religieux qui s'installèrent dans l'Ouest, de convaincre les Métis de se plier à un style de vie plus sédentaire et de donner plus d'importance à l'agriculture. Il s'entendit très bien avec Gabriel Dumont. Ce dernier fut d'autant plus sensible aux idées du prêtre qu'il était témoin des grands changements qui touchaient l'Ouest avec l'arrivée de nombreux colons, et surtout avec la disparition du bison qui marquait la fin du commerce du pemmican, jusqu'alors l'activité économique première de nombreux Métis. Gabriel Dumont et son clan de chasseurs quittèrent la Petite-Ville en 1872 pour s'installer près de la paroisse de Saint-Laurent-de-Grandin fondée par le Père André en 1871. Dumont s'établit à dix kilomètres au sud de Batoche où il installa un traversier près duquel il tenait un magasin, et il fit un peu d'agriculture. Ces diverses activités lui permirent de bien gagner sa vie. Il ne négligea pas l'intérêt des Métis de sa communauté, puisqu'à partir de cette époque, et jusqu'aux événements tragiques de 1885, il allait lutter activement pour améliorer le sort des siens.

Ainsi, c'est avec l'appui du Père André que Gabriel Dumont participa le 10 décembre 1873, en tant que président de la communauté de Saint-Laurent, à la mise en place d'une forme de gouvernement autonome qui visait surtout à réglementer la chasse; gouvernement autonome qui ne perdura pas. En effet, au printemps 1875, un groupe de Métis travaillant pour la Compagnie de la Baie d'Hudson, mené par Peter Ballendine, enfreignit les nouvelles lois en entreprenant la chasse au bison sans consulter les autres chasseurs. Arrêtés par Dumont et les siens, les coupables allèrent néanmoins se plaindre à Lawrence Clarke, l'agent principal de la Compagnie de la Baie d'Hudson pour le district de la Saskatchewan, qui rapporta au lieutenant-gouverneur des Territoires du Nord-Ouest, Alexander Morris, que les Métis de Carlton et les Amérindiens de cette région préparaient un soulèvement, informations heureusement démenties par l'officier de la Police à cheval du Nord-Ouest chargée de l'enquête, George French. Les Métis s'en remirent à l'autorité de la police et ce fut la fin du gouvernement autonome qu'ils avaient mis en place.

De 1871 à 1884 les relations entre le gouvernement et les Métis de la rivière Saskatchewan-Sud allaient s'aggraver. En effet, les nombreuses pétitions que ces derniers envoyèrent à Ottawa au sujet du processus de distribution des terres restèrent sans réponse. La Résistance de la Rivière-Rouge, menée par Louis Riel et les siens en 1870, avait pris fin avec l'adoption par le gouvernement canadien de l'*Acte du Manitoba*. Cette loi constituante de la nouvelle province prévoyait l'octroi de terres aux Métis de la Rivière-Rouge. Mais elles furent mal distribuées. De plus, l'agressivité des miliciens canadiens de Wolseley, envoyés pour «rétablir la paix» et le manque de représentants métis au nouveau gouvernement de la province du Manitoba, contribuèrent à leur découragement et poussèrent rapidement bon nombre d'entre eux à revendre à bas prix leurs terrains aux spéculateurs. La plupart allèrent s'installer aux États-Unis ou plus à l'Ouest, du côté de la Saskatchewan et de l'Alberta. Or, plusieurs Métis des communautés de Saint-Laurent, de Batoche, de Saint-Louis et de Duck Lake étaient originaires de la Rivière-Rouge, et s'attendaient à ce que leurs terres soient délimitées en lots riverains de forme rectangulaire, alors que le gouvernement encourageait le système canadien de *townships* carrés. Certes, au fil des années, le gouvernement manifesta en plusieurs occasions son intention de délimiter les territoires en rectangles, mais divers contretemps et malentendus empêchèrent les autorités gouvernementales de satisfaire aux demandes des Métis, et ces derniers, après douze ans de revendications pacifiques, décidèrent de changer de tactique. Au printemps 1884, un groupe composé de Gabriel Dumont, Michel Dumas, James Isbister et Moïse Ouellette, partit au Montana pour convaincre Louis Riel de revenir au Canada et défendre les droits des Métis de la rivière Saskatchewan-Sud.

L'arrivée de Louis Riel
à la rivière Saskatchewan-Sud (juin 1884)

Les revendications des Métis de la rivière Saskatchewan-Sud en 1880-1885 étaient semblables à celles de la Rivière-Rouge en 1870, et le refus du gouvernement de prendre en considération leurs requêtes amena certains clans des Métis à prendre les armes sous la direction de Louis Riel, comme ce fut le cas quinze ans plus tôt. Mais les conditions avaient changé. La présence de la Police à cheval du Nord-Ouest, l'existence du télégraphe, l'arrivée de colons euro-canadiens, contribuèrent non seulement à l'essor d'un nouveau style de vie, mais accélérèrent l'isolement des communautés métisses. La mise en place du chemin de fer permit aussi, durant la Résistance de 1885, un déplacement rapide des troupes canadiennes bien équipées en matériel militaire.

Quant à Louis Riel, il avait beaucoup changé. Après la Résistance de la Rivière-Rouge il continua à défendre le droit des Métis, mais suite à des menaces d'assassinat, il quitta le

GABRIEL DUMONT

ARCHAMBAULT, Photo.

Gabriel Dumont, Métis, Saskatchewan, tenant un fusil, photo probable-
ment prise lorsqu'il jouait dans le *Wild West Show*, sans date. (Archives de
la Société historique de Saint-Boniface – SHSB-8181)

Manitoba le 23 février 1872. Les années qui suivirent furent difficiles et sa santé mentale se détériora. Il dut fréquenter plusieurs asiles de Montréal entre 1875 et 1878. À partir de 1879, il vécut de chasse et travailla comme agent, traiteur et même comme bûcheron au Montana où il épousa, à la façon du pays[1], le 28 avril 1881, une Métisse, Marguerite Monet. Il s'installa ensuite à la mission de Saint-Pierre, à Sun River dans le Montana où il enseigna jusqu'à l'arrivée de Dumont et de son groupe le 4 juin 1884. Il avait entrepris vers 1883 la rédaction d'un livre, le *Massinahican*, dans lequel il concevait une nouvelle Église pour les Métis et les Premières Nations de l'Ouest.

L'arrivée de Louis Riel dans le Nord-Ouest eut comme conséquence de regrouper les Métis. Les initiatives qu'il entreprit pour la défense de leurs droits durant l'été et l'automne 1884 furent pacifiques, comme en témoignent, entre autres, les rencontres chez Charles Nolin au mois de juillet, auxquelles participèrent les Anglophones de Prince-Albert, ou celle du mois d'août chez Xavier Letendre dit Batoche, où l'on essaya de convaincre un clergé peu disposé à leur venir en aide. Une autre pétition fut envoyée à Ottawa le 16 décembre 1884. Elle demandait au gouvernement d'octroyer des titres pour les terres occupées par les colons et de faire des districts de Saskatchewan, d'Assiniboia et d'Alberta des provinces. La réponse d'Ottawa allait déplaire aux Métis, et ce d'autant plus que le gouvernement ne voulait pas que Riel prenne part aux négociations. Ce dernier, après avoir demandé aux Métis s'ils voulaient toujours qu'il soit leur représentant, décida de changer de tactique. Gabriel Dumont, qui jusqu'à présent avait joué un rôle effacé, laissant les initiatives à Riel, allait appuyer plus activement son ami.

---

[1] « À la façon du pays » est une expression qui veut dire que le mariage fut célébré sans cérémonie religieuse formelle.

Le 19 mars 1885, le jour de la Saint-Joseph, patron des Métis, Louis Riel mit en place un gouvernement provisoire, que l'on appela l'*Exovedate*, mot latin qui signifie « celui qui a été choisi par le troupeau ». Pierre Parenteau en fut le président et Gabriel Dumont, l'adjudant-général. Mais l'unité au sein des Métis fut affaiblie par la position du clergé qui, d'un côté, s'opposait à un conflit armé, jugé néfaste aux Métis, et, de l'autre, voyait en Riel un faux prophète. De fait, les colons et les Métis anglophones refusèrent de participer à l'insurrection, et la participation des Autochtones se limita à quelques groupes, voire à quelques guerriers.

Gabriel Dumont, de la Résistance des Territoires du Nord-Ouest (1885) à Bellevue (1906)

Durant les événements de 1884-1885, Gabriel Dumont joua un rôle primordial auprès de Louis Riel. Son courage, tout comme les tactiques qu'il déploya au lac aux Canards, à l'Anse-aux-Poissons et à Batoche, inspira les siens et retarda une défaite inéluctable devant une armée plus nombreuse et beaucoup mieux équipée. Certes, si Louis Riel et le conseil de l'*Exovedate*, qui avaient adopté une stratégie défensive dans la tradition militaire des Métis, n'avaient pas empêché en plusieurs occasions Dumont de mener une lutte plus offensive dans le style des Amérindiens, l'armée canadienne aurait mis plus de temps, au printemps 1885, à vaincre un ennemi souvent invisible et imprévisible. Par exemple, après le combat du lac aux Canards, Gabriel Dumont aurait aimé poursuivre les troupes du Major Crozier, mais Louis Riel s'y opposa prétextant qu'il y avait déjà eu assez de sang versé. De même, après l'incendie du Fort Carlton, alors que Dumont comptait tendre une embuscade à la Police à cheval du Nord-Ouest qui se repliait sur Prince-Albert, son chef le persuada derechef d'oublier un plan selon lui trop cruel. Ces deux instants semblent importants, car le général des Métis aurait pu alors profiter du découragement des troupes canadiennes après leur échec au lac aux Canards, et par la même occasion récupérer des armes, des munitions et des vivres nécessaires à la réussite de la Résistance.

Alors que les armées de Middleton s'avançaient sur Batoche, Gabriel Dumont avait bien l'intention de les ralentir par toutes sortes de procédés qui appartenaient plus à la guérilla qu'aux grands mouvements d'armée : destruction de ponts, attaques de convois, harcèlement la nuit, sabotage du chemin de fer et feux de prairie. Mais ces stratégies furent impossibles à réaliser en raison de la tempérance de Riel – qui sans doute ne s'attendait pas à une telle progression des événements et avait espéré une solution diplomatique plutôt que militaire –, ou tout simplement pour des raisons d'ordre logistique. Compte tenu du manque de matériel militaire, surtout évident à Batoche, les tentatives des Métis étaient vouées à l'échec, et le manque de coordination entre eux les empêcha d'agir avec efficacité. L'embuscade que Gabriel Dumont avait tendue à l'Anse-aux-Poissons ne put réussir à cause de l'imprudence de certains de ses hommes. Ont aussi joué les désertions et les défections compréhensibles pour des civils qui pensaient surtout à la protection de leurs familles, et le rôle des prêtres qui, en refusant la confession aux rebelles, découragèrent et ralentirent leur ardeur guerrière. Enfin, la participation limitée des peuples autochtones, sur laquelle Dumont et Riel comptaient, réduisit sans doute la possibilité d'une résistance plus acharnée.

Après les combats du lac aux Canards et de l'Anse-aux-Poissons, Gabriel Dumont opta pour une stratégie défensive afin de protéger Batoche. Il y réussit en partie puisque la manière dont il disposa ses troupes fit croire pendant plusieurs jours à Middleton et à Lord Melgund que les Métis, motivés par la défense de leur territoire et de leurs familles,

Un Gabriel Dumont plus âgé, photographié à Langdon, Dakota du Nord. (Archives de l'Université du Manitoba)

occupaient une position redoutable. Bien que les Métis fussent vaincus, il est indéniable que la résistance farouche qu'ils opposèrent à des troupes plus nombreuses et mieux équipées devait beaucoup à la stratégie et au courage de leur général.

Pendant plusieurs jours après la bataille de Batoche, Gabriel Dumont sillonna en vain la plaine et les collines pourtant quadrillées par les soldats, à la recherche de Riel, montrant par ce geste sa loyauté et son engagement inconditionnels ; et même s'il voulut se battre jusqu'au dernier moment, son père l'en dissuada. Il se dirigea ensuite avec Michel Dumas vers le Montana, d'où il essaya de préparer l'évasion de Riel et de reprendre le combat. Avec la pendaison de son ami le 16 novembre 1885, il abandonna ce projet. Sa femme Madeleine le rejoignit bientôt pour lui apprendre une autre mauvaise nouvelle, la mort de son père Isidore. Atteinte de tuberculose, elle devait, à son tour, mourir au printemps 1886.

Gabriel Dumont s'engagea cet été-là comme tireur dans le *Wild West Show* de Buffalo Bill Cody. Il fut de passage à New-York en 1887 et, au printemps 1888, à Montréal où il dicta une première version de son témoignage des événements de 1884-1885. Son retour dans le Montana en 1890 est marqué par une tentative d'assassinat au cours de laquelle il fut grièvement blessé, vraisemblablement par un chasseur de prime. Il revint finalement dans la Saskatchewan en 1893 pour vivre tranquillement sur les terres de son neveu Alexis Dumont. Les dernières années de sa vie sont moins connues. Il devait mourir à Bellevue le samedi 19 mai 1906.

Page 20 [71] du manuscrit « Récit Gabriel Dumont », Société historique
de Saint-Boniface ; fonds Société Historique Métisse, 0449/1346/053.

L'édition des *Mémoires dictés par Gabriel Dumont* et du *Récit Gabriel Dumont*

Les *Mémoires dictés par Gabriel Dumont* et le *Récit Gabriel Dumont* se trouvaient initialement à l'Union nationale métisse Saint-Joseph du Manitoba. Par la suite, ils furent transférés aux Archives provinciales du Manitoba. Ils ont été déposés à la Société historique de Saint-Boniface, au Centre du Patrimoine, au printemps 2001. Les récits que nous présentons ont été dictés oralement par le général de l'armée métisse de 1885. Ils ont été recueillis entre 1902 et 1903 par un auteur anonyme, certainement un des membres de l'Union nationale métisse Saint-Joseph du Manitoba qui connaissait le *mitchif* et le français. En général, le travail de transcription et de réécriture (la transformation du discours oral par un scripteur en un discours écrit) suppose un auteur anonyme éduqué. Diane Payment suggère, entre autres, qu'il pourrait s'agir de Martin Jérôme (député libéral pour Carillon à l'Assemblée législative du Manitoba de 1886-1896 et de 1899-1903). D'autres membres de l'Union nationale métisse de Saint-Joseph, tels que Pierre Dumas, Roger Marion, Joseph Hamelin et Charles Sauvé seraient aussi à considérer.

Les manuscrits originaux sont écrits dans des cahiers à lignes. L'écriture est fine et régulière, pas trop raturée ; on sent une rédaction rapide entreprise après la diction, mais certains indices nous révèlent qu'elle s'est faite en plusieurs étapes. Nous trouvons de temps à autres, entre les lignes, des ajouts qui se distinguent par la couleur de l'encre. Certains signes (une croix, une flèche) ou parfois un paragraphe démarqué dans la marge par une ligne verticale ondulée, sont accompagnés d'un commentaire du scripteur qui précise que cette partie du récit doit être retranchée ou collée à un autre endroit du texte.

Le premier récit, les *Mémoires dictés par Gabriel Dumont*, traite d'épisodes touchant avant tout la vie du chef métis parmi les Premières Nations du Canada, et de quelques anecdotes liées aux événements qui ont suivi la Résistance de 1885. Dans ce sens ils servent de prélude aux épisodes relatés dans le *Récit Gabriel Dumont*, surtout concentrés autour de la Résistance de 1885, à savoir l'escarmouche du lac aux Canards[1], les combats de l'Anse-aux-Poissons[1] et la bataille de Batoche. Les deux récits appartiennent donc à l'histoire événementielle et anecdotique.

Le *Récit Gabriel Dumont* est dominé par le discours apologétique, car Dumont se présente comme un homme qui, tout au long de sa vie, a été mû par le sens du devoir envers son peuple et ses amis. À travers les actions et les pensées de Dumont, c'est aussi l'esprit de noblesse d'un grand peuple des prairies que nous retrouvons, les Métis francophones, qui, au contraire des Métis anglophones, n'hésitèrent pas à prendre les armes pour défendre leurs droits que le gouvernement canadien méprisait injustement. De plus, dans son récit, Gabriel Dumont se distingue des autres en faisant valoir son sens supérieur de l'honneur et du courage. Il est non seulement « le Prince des prairies », mais il se présente comme l'inspiration des troupes qu'il mène au combat au lac aux Canards, à l'Anse-aux-Poissons et à Batoche. De fait, l'héroïsme du chef métis trouve un parfait équilibre avec son sens du devoir. À la veille des combats de 1885, par exemple, il laisse entendre aux autres Métis, qu'au moment où il prendra les armes, il ira jusqu'au bout, et c'est ce qu'il demande aux siens de faire, car il doute de leur esprit d'engagement à long terme. Quelques images fortes ressortent des événements dramatiques de 1885 : malgré les douleurs causées par

---

[1] Lac aux Canards et l'Anse-aux-Poissons se traduisent par Duck Lake et Fish Creek respectivement en anglais, et ce sont d'ailleurs les formes anglaises qu'on retrouve dans le manuscrit.

sa blessure au lac aux Canards, il n'hésite pas, à l'Anse-aux-Poissons, à se battre jusqu'à la fin de la bataille, à rallier les fuyards et à préparer des plans d'attaque et de défense. Enfin, traqué par la police qui sillonne la région de Batoche, il recherche toujours Louis Riel pour l'emmener avec lui – sans succès il est vrai. D'une manière discrète, nous percevons le grand respect que Gabriel Dumont vouait à Louis Riel. En plusieurs endroits, l'auteur nous fait comprendre qu'il existait un lien spirituel très puissant entre les deux hommes. D'une manière sous-entendue, il nous indique que ce lien fut prépondérant dans l'organisation de la Résistance de 1885.

Les *Mémoires dictés par Gabriel Dumont* et le *Récit Gabriel Dumont* restent des documents chargés d'émotion. Et malgré la spontanéité que comporte un témoignage rapporté, l'auteur anonyme réussit assez bien à présenter la vie de Gabriel Dumont selon la tradition des mémoires. Gabriel Dumont prend la parole pour rectifier la version officielle des faits, souvent exagérée ou fausse. Le discours oral se transforme, grâce au geste du scripteur, en une écriture-témoin qui rétablit aux yeux de l'histoire, l'honneur et la dignité d'un individu et d'une grande nation. Et au-delà de l'épopée métisse des événements de 1885, c'est le rôle de Gabriel Dumont et son héroïsme supérieur qui ressortent d'un récit avant tout apologétique.

La qualité littéraire des deux récits est indéniable. La description des scènes, la présentation des personnages, les digressions et le cadre spatio-temporel, l'utilisation des discours directs et indirects, montrent que l'auteur suit le modèle de la narration des récits militaires. L'auteur a su reformuler d'une manière très esthétique, en français moderne, des témoignages qui ont été dictés en *mitchif* ou dans un français régional. Le scripteur a sans doute composé son texte à partir de notes prises durant ses entretiens avec Gabriel Dumont, et de mémoire, puisque souvent, aux discours directs qui reproduisent les paroles du témoin à la première personne, s'ajoutent également des parties narratives à la troisième personne qui résument les faits et évoquent les causes de la Résistance.

Cependant, par instants, le style laisse à désirer. Par exemple, la concordance des temps n'est pas toujours respectée, puisque nous retrouvons dans certaines phrases rédigées au passé, des présents qui ne conviennent pas vraiment à la syntaxe. Certes cette anomalie stylistique s'explique par l'état du manuscrit original qui est une première ébauche de rédaction, mais le scripteur est aussi capable d'insérer aux temps du discours historique (l'aoriste ou le passé simple, le plus-que-parfait) qui ont tendance à objectiver les faits, le présent historique, mettant ainsi en relief l'intensité d'une action militaire, ou le geste héroïque de Gabriel Dumont. Et dans l'ensemble cette alternance des temps donne au récit un rythme de lecture dynamique qui convient parfaitement au genre du récit de vie.

L'auteur fait aussi œuvre d'historien. Par exemple, il se sert de documents externes, entre autres, les rapports militaires du général Middleton (L'*Admiral Review*). Il donne aussi régulièrement son point de vue personnel sur les forces en présence, les tactiques militaires des deux armées, l'héroïsme des Métis devant des ennemis plus nombreux et mieux équipés, leurs fautes stratégiques, leurs hésitations et leurs peurs. Dans l'ensemble les événements militaires sont présentés d'une manière réaliste.

Nous avons reproduit les deux textes en respectant l'ordre établi par l'auteur, même si dans certains cas ce dernier ne suit pas la chronologie des événements historiques. Les témoignages étant écrits dans un bon français, avec quelques régionalismes et anglicismes que nous avons conservés pour ne pas dénaturer l'esprit et le sens des récits, nous les avons reproduits tels quels. Nous avons mis en italique les mots anglais conservés dans le texte, tels que *store* (magasin), *bluff* (butte), *policemen* (policiers), *sleigh* (traîneau), etc. Nous avons normalisé l'orthographe de certains noms de personnes et de lieux en indiquant toutefois en note l'orthographe figurant dans le manuscrit. Nous avons précisé (précision entre crochets) certains prénoms pour clarifier l'identité de personnages qui appartiennent à la même famille : [Calixte] Lafontaine ou [Phillipe] Gariépy. Dans certains cas, nous avons précisé un nom : le Sauvage [Asiyiwin]. De même nous avons mis entre crochets les mots qui manquaient afin de préciser le sens et de respecter la syntaxe de la phrase. Finalement, nous avons dans l'ensemble respecté la ponctuation et le découpage des paragraphes du manuscrit original.

Denis Combet
Université de Brandon
Brandon (Manitoba)

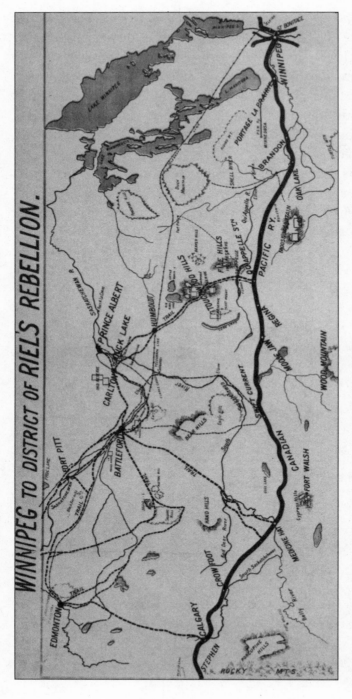

Détail de la carte intitulée « De Winnipeg à la région de la "Rébellion" de Riel » publiée par Alexander, Clare & Cable de Toronto. (Archives nationales du Canada)

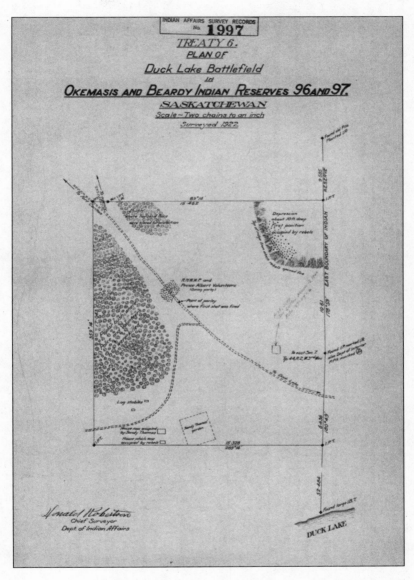

Plan du champ de bataille du lac aux Canards dressé en 1922 par Donald Robertson. C'est le seul plan connu décrivant la bataille du lac aux Canards. (Archives nationales du Canada)

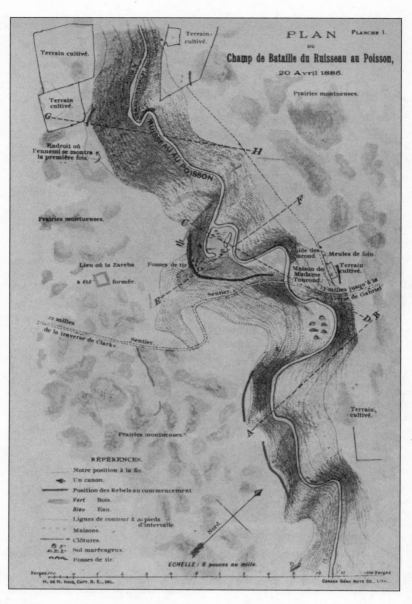

Plan du champ de bataille de l'Anse-aux-Poissons, 20 avril 1885, dressé par le capitaine H. Haig, quartier-maître du général Middleton. (*Documents parlementaires*, nᵒ 6, 1886)

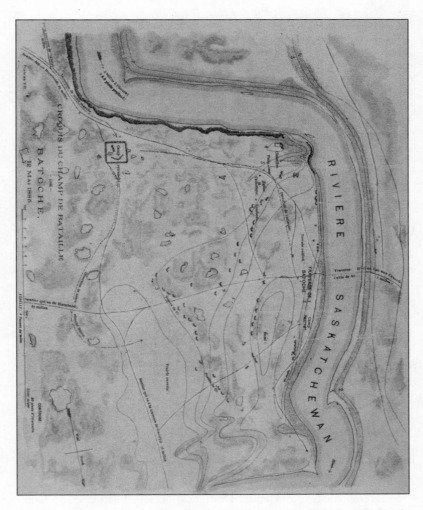

Croquis du champ de bataille de Batoche, le 12 mai 1885, dessiné par le capitaine Haig, quartier-maître du général Midddleton. (*Documents parlementaires*, nº 6, 1886)

Gabriel Dumont — 65 ans (Novem. 47 à la Rébellion) fils d'Isidore Dumont

à 12 ans il ut à la rencontre avec les Sioux; il tirait

né à Winnipeg, puis amené en très bas âge au Fort Pitt où il resta jusqu'à 10 ans. Il retourna alors, avec ses parents, à Winnipeg.

Pendant la rébellion de 1870, il était précisément campé à Batoche. Avant de partir de Winnipeg, il avait dit à Riel : si tu fais qq chose, enverrai moi chercher, et je viendrai avec les sauvages.

Épisodes de sa vie.

Il était campé avec un petit parti d'amis, du côté de Carlton [...] Des sauvages étaient aussi campés auprès. Une fois, dit-il, j'ai tué un Pied Noir en me battant pour les Cris. Ce Pied Noir là était le plus hardi d'eux autres; il s'avançait tout seul vers nous. Je fonce sur lui, et j'avais un bon coureur; il se sauve; mais je le rejoins comme un Buffalo. Quand je fus presque côte à côte, je lui darde le canon de mon fusil dans les reins et en même temps je lâche le coup. Il culbute en avant, devant la tête de mon ...

«Mémoires dictés par Gabriel Dumont», Société historique de Saint-Boniface, Fonds Société Historique Métisse, 0449/1346/058.

MÉMOIRES DICTÉS PAR GABRIEL DUMONT

GABRIEL DUMONT : soixante-cinq ans (il avait quarante-sept à la rébellion), fils d'Isidore Dumont ; à douze ans il est à la rencontre avec les Sioux[1], il tirait. Né à Winnipeg, puis emmené en très bas âge au Fort Pitt où il resta jusqu'à dix ans. Il retourna alors, très jeune, avec ses parents, à Winnipeg.

Pendant la rébellion de 1870, il était précisément campé[2] à Batoche. Avant de partir de Winnipeg, il avait dit à Riel : « Si tu fais quelque chose, envoie-moi chercher, et je viendrai avec les Sauvages[3]. »

---

[1] Bien qu'il ait été à peine adolescent, Gabriel Dumont avait pris part à la chasse de 1851, qui donna lieu à la bataille du Grand Coteau. En juillet 1851, environ 300 Métis, attaqués par un groupe beaucoup plus nombreux de Sioux, remportèrent une éclatante victoire. Un seul de leurs hommes avait été tué, mais ils infligèrent de lourdes pertes à leurs adversaires. Cet engagement se déroula sur les rives d'un affluent de la rivière Missouri, vraisemblablement au sud-ouest de ce qui est aujourd'hui Minot, au Dakota du Nord.

[2] Campé : établi dans un camp.

[3] Le mot Sauvage signifie ici les Premières Nations ou les Autochtones.

Gabriel Dumont, durant les années 1880. (Bibliothèque et Archives Glenbow – NA-1063-1)

Épisodes de sa vie

«UNE FOIS, dit-il, j'ai tué un Pied-Noir[1] en me battant pour les Cris[2]. Ce Pied-Noir-là, vois-tu, était le plus hardi d'eux autres; il s'avançait tout seul vers nous. Je fonce sur lui, j'avais un bon coureur[3]; il se sauve; mais je le rejoins comme un buffalo[4]. Quand je fus presque côte à côte, je lui darde le canon de mon fusil sous les reins et en un temps je lâche le coup. Il culbute en avant devant la tête de mon cheval et celui-ci, au grand galop, surpris par cet obstacle imprévu, bondit par dessus avec tant de violence, que je fus presque jeté en arrière. Le poney du Pied-Noir galopait toujours à côté de moi. Je passe ma jambe par-dessus le cou de mon cheval et

---

[1] Les Pieds-Noirs (Siksikas) sont l'une des trois bandes de la Nation des Pieds-Noirs qui comprend aussi les Gens-du-Sang (Kainahs) et les Peigans (Pikunis). Le territoire canadien de la Nation des Pieds-Noirs recouvrait l'Alberta au sud de la rivière Saskatchewan-Nord, depuis les contreforts des Montagnes Rocheuses jusqu'aux Collines Cyprès (frontière Alberta-Saskatchewan). La Nation des Pieds-Noirs se donne le nom de «soyi-tapix», ce qui signifie «peuple de la prairie». En 1877, la Nation des Pieds-Noirs signe le Traité n° 7 avec le gouvernement du Canada. Les bandes des Pieds-Noirs (Siksikas), des Gens-du-Sang (Kainahs) et des Peigans du Nord (Pikunis) choisirent chacune une réserve dans le Sud de l'Alberta. Le terme *Blackfoot* est utilisé au Canada, tandis que *Blackfeet* est l'appellation commune aux États-Unis.

[2] Les Cris occupaient une vaste région septentrionale allant de la baie James vers l'ouest jusqu'au lac Winnipeg, et au sud jusqu'au lac Nipigon. Plus tard, en raison de la traite des fourrures, ils se déplacèrent vers l'ouest et atteignirent l'intérieur de la Saskatchewan. À la fin du 18e et au début du 19e siècles, les Cris de l'Ouest ont rapidement délaissé leur vie de trappeur pour se transformer en guerriers à cheval et chasseurs de bison. On divise souvent les Cris en trois grands groupes: les Cris des Plaines (Alberta et Saskatchewan), les Cris des Bois (Saskatchewan et Manitoba) et les Cris des Marais (Manitoba, Ontario, Québec). Les Cris étaient traditionnellement les alliés des Métis; ils étaient aussi les ennemis des Sioux, des Pieds-Noirs et des Gros-Ventres.

[3] Un «bon coureur» signifie un «bon coursier».

[4] Nom communément utilisé par les Métis et les Canadiens français pour désigner le bison d'Amérique.

je saute à terre en m'accrochant à la bride du poney démonté[1]. Puis je reviens vers le pauvre Pied-Noir; il était tué raide, et cela me fit de la peine, car il ne m'avait jamais fait de mal.

— Mais alors, dis-je à Gabriel Dumont, pourquoi vous battiez-vous contre eux?

— Voici pourquoi, répond-il; et il raconte: Nous étions campés six ou sept tentes de Métis, auprès[2] d'un campement de Cris avec lesquels nous étions en bons termes. Un jour, tandis que je n'étais pas là, un Cri vient à ma tente, près de laquelle un bon cheval était à l'enfarge[3]; c'était une enfarge de fer fermée au cadenas. Le Cri voulait avoir mon cheval pour aller se battre contre des Pieds-Noirs qui étaient dans les environs, et il demanda le cheval à ma femme.» Celle-ci refusa. Alors le Cri dit: « Si tu n'ouvres pas l'enfarge, je tue le cheval.»

La femme de Gabriel s'exécuta. Quand Gabriel revint, il était fort en colère d'apprendre la chose. Le soir même, il y avait une danse de guerre chez les Cris. Il y va: « J'entrai dans la loge, dit-il, et je m'assis sans rien dire avec les femmes. Quand ils eurent fini de danser, je me levai, j'allai parmi les guerriers et je me pris à dire, Amis! Amis! Je vais vous raconter ce que j'ai fait! J'ai fait ceci... j'ai fait cela... je me suis battu ici où on a admiré mon courage, puis là, où j'ai mis mes ennemis en fuite. Tous mes ennemis me craignent et tous mes amis disent que je suis le meilleur pour courir à cheval et pour tirer le fusil, etc, etc. Et bien aujourd'hui vous m'avez fait quelque chose qui m'a offensé. Pendant que je n'étais pas là, vous êtes venu prendre mon cheval. C'est pas de valeur[4] de faire peur

---

[1] Un cavalier démonté: jeté à bas ou privé de sa monture.

[2] Auprès: tout proche, à côté de.

[3] Enfarge: un objet qui servait à immobiliser les chevaux par les pieds.

[4] Au Canada français, « c'est de valeur » veut dire « c'est dommage », alors que la forme négative, « c'est pas de valeur » veut plutôt dire que « c'est trop facile » ou « qu'il n'y a pas de mérite ».

à une femme. Mais depuis que je suis marié avec ma femme, nous avons toujours été bien ensemble, et ce qu'on fait à elle, c'est comme si c'était à moi. Eh bien! Je vous le dis, je ne veux pas souffrir ça. »

Les Cris lui font observer qu'ils n'ont pas eu dessein de l'offenser, que c'est leur loi; que d'après leur loi, eux et leurs amis et alliés sont obligés de fournir leurs meilleurs chevaux quand il faut combattre l'ennemi.

« Je ne m'occupe pas de votre loi, dit Gabriel. Si vous me verrez combattre avec vous, il y en a qui passent devant moi pour aller courir sur l'ennemi, alors vous pouvez venir prendre mon cheval; mais si je suis toujours le premier pour foncer sur l'ennemi, qu'alors il n'y en ait pas un qui vienne toucher à mon cheval quand je ne suis pas là!

Le lendemain, ajouta Gabriel Dumont, les Cris se rencontrèrent avec les Pieds-Noirs; j'allai me battre avec eux et c'est à cause de ce que j'avais dit la veille que je courus le Pied-Noir et que je le tuai pour faire voir aux Cris que j'étais meilleur qu'eux, afin qu'ils me respectent. »

§ § §

Un jour, il était en reconnaissance, à la chasse au buffalo. Pour monter sur une butte, il laisse son cheval en bas, en l'attachant par un pied au licol. Il ne montait jamais sur le sommet même de la butte, mais sur le versant, parmi des roches, quand il y en avait, afin d'y être dissimulé. Ce jour-là, il se place donc parmi des roches, se glissant à plat ventre. Il aperçoit, sur une colline opposée, une tache allongée verticalement qu'il devine être un être vivant; mais était-ce un homme ou un loup assis sur son derrière? Il se dit, si ça s'écrase, c'est un homme, si ça s'allonge en remuant, ce sera un loup. Il attend donc. La tache s'écrase. C'était un homme. Il attend longtemps; ça ne bougeait pas. Il se dit: mon homme dort. Je vais aller le voir. Il redescend, prend son cheval, fait le tour des buttes, arrive au sommet de celle où l'homme dormait, mais il se dit : si je vais comme cela, il aura avantage sur moi ; donc il descend de son cheval qu'il laisse de nouveau en bas. Il s'avance ; il aperçoit le dormeur dont le fusil était par terre à son côté ; Gabriel, lui aussi, avait son fusil à la main, prêt à se défendre, mais comment l'aborder ? Il se disait : si je lui fais peur en le réveillant, il va sauter sur son fusil et me tuer. Alors, il s'avance à pas de loup jusque vers lui, ramasse son fusil, le soulève doucement, se retire d'un pas et pose le fusil par terre en arrière. Maintenant il n'y avait plus de danger ; Gabriel se demande seulement de quelle façon originale il va le réveiller ; il discute en lui-même, à la fin il se dit : après tout, c'est un ennemi, je vais le fouailler[1] ; il portait un gros fouet de cuir natté ; il le cingle en plein corps. L'homme, qui était un Sauvage de la tribu des Gros-Ventres[2], se trouva subitement à genoux devant lui, le visage exprimant un effroi indicible. Mais Gabriel se met à rire et le Gros-Ventre voit, après quelques instants, qu'il ne veut pas lui faire de mal. Gabriel le fait asseoir à côté de lui, mais du côté opposé au fusil, trouve sa pipe, l'allume et la lui offre. Le Sauvage reprend confiance et fume avec délices. Cependant, au bout d'un moment, tout son corps se met à trembler, au point qu'il ne pouvait plus tenir la pipe, et il fait comprendre par signes à Gabriel combien il lui a fait peur. Enfin, Gabriel se lève et lui redonne son fusil, et ils se dirigent ensemble vers le cheval de Gabriel ; arrivés là, il fallait que Gabriel se baissât pour

---

[1] Fouailler : frapper ou fouetter.

[2] Gros-Ventres : Nom donné aux Hidatsa (ou Minitari), un peuple des Plaines de souche siouse. Les Hidatsa étaient originaires de la région du fleuve Missouri du Dakota du Nord. Peuple d'agriculteurs, les Hidatsa vivaient dans des maisons en terre regroupées en villages et cultivaient principalement le maïs. Ils possédaient une organisation sociale complexe avec des rites élaborés, partaient à la chasse au bison une fois par an et pratiquaient la danse du soleil. La rivière Saskatchewan-Sud portait autrefois le nom de rivière des Gros-Ventres, et la fourche de la Saskatchewan-Nord et Saskatchewan-Sud, la fourche des Gros-Ventres.

détacher le pied de son cheval, mais la crainte le prit. « Les Sauvages sont si lâches, dit-il, j'eus peur que, pendant que je me baisserais, il me tirât son coup de fusil. » Et il fit signe au Gros-Ventre d'aller lui-même d'abord à son propre cheval qui était aussi sur le penchant du coteau. Le Sauvage obéit, et à peine sur sa bête, il partit à toute vitesse comme si le diable le poursuivait, et Gabriel partit ensuite de son côté.

§ § §

Une autre fois (il était jeune), il aperçoit dans la prairie un homme de Sang[1]. Ils foncent l'un sur l'autre, chacun croyant sans doute que l'autre allait être effrayé et tourner bride, « mais quand je fus un peu près, dit Gabriel, je vis bien à ses yeux, qu'il foncerait jusqu'au bout ». Le Sauvage était armé d'une arbalète, mais leur rencontre fut assez imprévue et rapide pour qu'il n'ait pas le temps de sortir une flèche de son carquois. Voyant cela, Gabriel ne voulut pas lui faire de mal et songea seulement à le terrasser. Leurs chevaux se heurtèrent les épaules. L'homme de Sang ne put arrêter son cheval net, tandis que Gabriel, asseyant le sien sur ses jarrets, lui fit faire volte-face, et d'un nouveau bond, rejoignant son adversaire en arrière, le saisit si rigoureusement par le bras, que l'autre ne songea pas à se défendre. Gabriel emmena son prisonnier par le bras jusqu'au camp. Là, on lui donna une pipe qu'il fuma sans descendre de son cheval ; puis on lui dit qu'il pouvait s'en retourner, et il fuit à toute allure sur son cheval.

Longtemps après, Gabriel, s'occupant de mettre la paix

---

[1] Les Gens-du-Sang (Blood), ou Kainahs, forment une des trois tribus qui composent la Nation des Pieds-Noirs. Les Gens-du-Sang occupaient les territoires de chasse compris entre les rivières Red Deer et Belly en Alberta, mais, au milieu du 19e siècle, ils se déplacèrent plus au sud, dans la région au sud de la rivière Belly (au sud de Lethbridge) et pénètrent souvent loin à l'intérieur du Montana. Nomades et chasseurs de bison, ils avaient la réputation d'être de redoutables guerriers.

entre deux nations, reconnut dans un campement son ancien prisonnier. Il y avait vingt ans de cela, mais le Gros-Ventre[1] avait parmi sa chevelure noire des mèches blanches qui le signalaient assez; il était maintenant un grand chef de sa nation et s'appelait Dépouille de Bœuf. Ils se firent alors des démonstrations fraternelles.

§ § §

Il allait traiter de la paix dans un campement des Sioux[2]. En sortant de la tente où il était reçu, tandis qu'il sortait, penché, par l'étroite ouverture fermée d'une peau ballotante, un Sioux lui frappa la tête de l'extrémité du canon de son fusil, appuyant en même temps sur la détente. Par hasard, le coup rata et il en fut quitte pour une contusion. Les autres Sioux se ruèrent alors sur leur frère qui déshonorait leur parole et le chassèrent du camp à coups de pied et de bâton.

§ § §

En 1891, alors qu'il était aux États-Unis, il faillit être assassiné[3]. Il était campé avec quelques autres Métis auprès. Il était seul dans sa tente. Pendant la nuit, il fut réveillé par un coup de couteau en arrière de l'oreille gauche. Il se lève, tâche de maîtriser son agresseur. «Je ne voulais pas lui faire de mal, dit-il, il ne me choquait pas; je lui disais: mais qu'est-ce que tu veux faire, dis? Mais qu'est-ce donc que tu veux faire?» Et Gabriel répète cela sur un ton où ne se mêle pas de colère, seulement comme de la surprise de voir un homme se mêler

---

[1] Le scripteur parle de la même personne. Il s'agit donc d'un autochtone Gens-du-Sang et non d'un Gros-Ventre.

[2] En 1862, Gabriel Dumont a accompagné son père, Isidore Dumont, au lac du Diable pour signer la paix avec les Sioux-Dakotas.

[3] Cet événement eut lieu dans le Montana.

de ce qui ne le regarde pas. Lui, Hercule physique, il considérait l'autre, armé d'un couteau, comme un maringouin qui voulait le piquer.

Cependant, l'assassin lui donne encore plusieurs coups dans le dos. Gabriel parvient à lui mettre le genou sur l'épaule, et pendant qu'il va lui saisir enfin la main, le meurtrier, se débattant, lui fait deux lardasses dans le ventre, une très à gauche, au dessous des côtes, l'autre un peu plus bas, à gauche, et au dessus du nombril. Chacune a bien quatre ou cinq pouces de long et ont des cicatrices très larges. Les blessures, en effet, étaient horriblement béantes et ce fut un prodige que la paroi abdominale n'ait pas été atteinte. Alors Gabriel tenait son assassin en respect, sa main droite à demi dans la bouche, lui serrant la joue jusqu'à la gorge, de sa main gauche il avait saisi le couteau à pleine poigne en se coupant les doigts.

Ses voisins de tente arrivent au bruit. Comme ils voyaient Gabriel près d'étouffer son adversaire, ils lui disent : « Lâche-le, lâche-le ! » Gabriel le lâche et l'autre s'enfuit.

Il suppose que c'était un homme alléché par la prime de 5 000 $ promise pour sa tête par le gouvernement canadien.

Sa blessure à la bataille de Duck Lake[1]

IL SOUFFRIT tout le temps de la guerre, à Fish Creek[2] et à Batoche ; après avoir crié toute la journée comme il le faisait, il avait la tête enflée le soir.

---

[1] L'escarmouche du lac aux Canards se produisit le 26 mars 1885.

[2] Nom que les soldats de Middleton ont donné à la Coulée des Tourond, située à 20 km au sud de Batoche, sur la rive est de la rivière Saskatchewan-Sud. La colonie des Métis, établie au début des années 1870 le long de la rivière Saskatchewan-Sud, s'étendait depuis Saint-Louis-de-Langevin au nord jusqu'à la Coulée des Tourond au sud. En 1885, la communauté comptait environ 500 personnes.

En arrivant aux *States*[1], la blessure suppurait encore. Il se fit soigner. Il y a une entaille longue de deux pouces et profonde de trois quarts de pouce, juste sur le sommet de la tête. Il faut qu'il ait eu le crâne d'une épaisseur extraordinaire pour n'être pas tué. Les médecins lui ont dit qu'il avait une grosse artère coupée. Ainsi, même après la guérison, eut-il plusieurs fois des accidents. Quand il tournait fort, c'était comme si on lui avait donné un coup de marteau sur le crâne, et plusieurs fois il tomba en perdant connaissance; mais seulement le temps de tomber et se relevant immédiatement.

Un jour même, il tomba ainsi dans une boutique de forge, la figure sur un tas de rognures de fer aiguës qui lui firent des entailles dans tout le visage.

Depuis quelque temps, ces accidents ne lui arrivent plus, la circulation s'étant sans doute régularisée par des artérioles voisines qui, en se distendant peu à peu, ont pu remplacer l'artère coupée.

§ § §

Gabriel Dumont passa pour avoir été en France avec Buffalo Bill[2]. C'est faux. Il fut engagé avec Buffalo Bill, mais en Amérique avant 1889. Comme dans son voyage en Europe Buffalo Bill devait passer par l'Angleterre et que Gabriel n'avait pas alors son amnistie, il ne voulut pas le suivre.

Buffalo Bill eut avec lui, en France: Michel Dumas, Ambroise Lépine (frère du vieux Maxime Lépine et général à la rébellion de 1870, mais n'ayant point pris part à celle de 1885); Jules Marion (fils d'Édouard Marion); Maxime Goulet (frère de Roger Goulet, récemment mort au bureau des terres à Winnipeg).

---

[1] *States*: les États-Unis d'Amérique.

[2] Gabriel Dumont participa en effet au *Wild West Show* de Buffalo Bill Cody, mais pendant pas plus de trois mois. Il se joignit au *Wild West Show* le 7 juillet 1886.

Michel Dumas et Ambroise Lépine ne restèrent pas longtemps chez Buffalo Bill. Ils étaient presque constamment ivres et il les mit à la porte. Ambroise Lépine (Farget[1]) prétend qu'on le prenait pour Buffalo Bill et que c'est par jalousie que celui-ci le remercia.

Ils étaient sur le pavé; ils allèrent frapper à la porte du consulat canadien à Paris. C'est alors que Michel Dumas se fit passer pour Gabriel Dumont; M. Pierre Toussin, alors secrétaire du consul du Canada, fut chargé par celui-ci de les présenter au général [...], maire de la commune de Neuilly, sur les territoires de laquelle était installé Buffalo Bill. «Mon général, dit M. Toussin, je vous présente les généraux Gabriel Dumont et Lépine, à l'armée de la rébellion des Métis français au Canada.» Le général [...] s'intéressa à eux par bon sentiment de fraternité d'armes, et ce fut par son secours et celui du consulat canadien, que Michel Dumas fut ramené au Canada sous le nom de Gabriel Dumont.

Ambroise Lépine fut ramené par le fils de Monsieur Ouimet, avocat à Montréal.

Goulet fut aussi mis à la porte par Buffalo Bill; son frère lui envoya de l'argent pour revenir. Jules Marion, qui était engagé pour construire un traîneau à chiens, fit seul son temps.

Gabriel Dumont alla en France seulement en 1895, et il y resta près d'un an et ne quitta pas Paris.

Il eut son amnistie en hiver 1886 (un an après les autres).

---

[1] Farget était le sobriquet d'Ambroise Lépine.

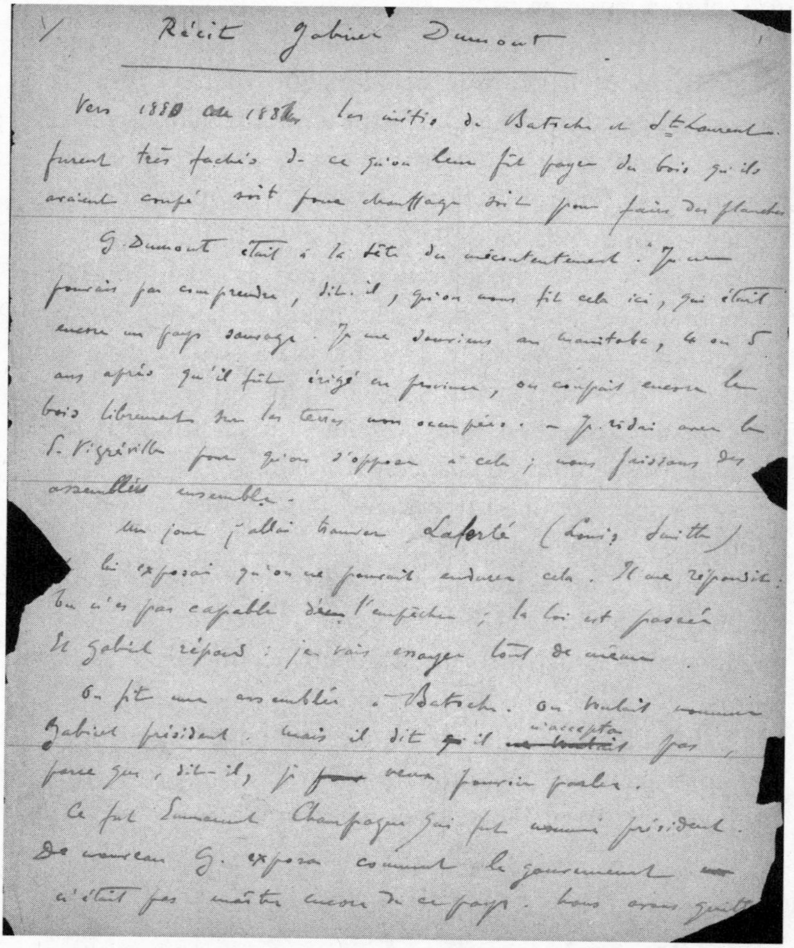

1/ Récit Gabriel Dumont

Vers 1880 ou 1881 les métis de Batoche et St Laurent furent très fâchés de ce qu'on leur fit payer du bois qu'ils avaient coupé soit pour chauffage soit pour faire des planches.

G. Dumont était à la tête du mécontentement. "Je ne pouvais pas comprendre, dit-il, qu'on nous fît cela ici, qui était encore un pays sauvage. Je me souviens au Manitoba, 4 ou 5 ans après qu'il fût érigé en province, on coupait encore le bois librement sur les terres non occupées. — Je m'aidai avec le P. Végréville pour qu'on s'oppose à cela; nous faisions des assemblées ensemble.

Un jour j'allai trouver Laferté (Louis Smith) lui exposai qu'on ne pouvait endurer cela. Il me répondit: Tu n'es pas capable de l'empêcher; la loi est passée. Et Gabriel répond: je vais essayer tout de même.

On fit une assemblée à Batoche. On voulait nommer Gabriel président. Mais il dit qu'il n'accepta pas, parce que, dit-il, je veux pouvoir parler.

Ce fut Emmanuel Champagne qui fut nommé président. De nouveau G. exposa comment le gouvernement n'était pas maître encore de ce pays. Nous avons quitté

« Récit Gabriel Dumont », Société historique de Saint-Boniface; fonds Société Historique Métisse, 0449/1346/053.

RÉCIT GABRIEL DUMONT

VERS 1880 (OU 1881) les Métis de Batoche et Saint-Laurent furent très fâchés de ce qu'on leur fît payer du bois qu'ils avaient coupé soit pour le chauffage, soit pour faire des planches.

Gabriel Dumont était à la tête du mécontentement. « Je ne pouvais pas comprendre, dit-il, qu'on nous fît cela ici, qui était encore un pays sauvage. Je me souviens au Manitoba, quatre ou cinq ans après qu'il fût érigé en province, on coupait encore le bois librement sur les terres non occupées. Je rôdai[1] avec le Père Végréville[2] pour qu'on s'oppose à cela ; nous faisions des assemblées ensemble. »

---

[1] Rôder : aller et venir pour parler aux gens.

[2] Le père Valentin Végréville (1829-1903), missionnaire Oblat de Marie-Immaculée originaire de la Mayenne (France), est arrivé à la Rivière-Rouge en 1852. Après presque trente années parmi les Amérindiens du nord de l'Alberta et de la Saskatchewan, il est nommé à Saint-Laurent-de-Grandin en 1880. Il réside à Batoche en 1885 où il est fait prisonnier durant les troubles de 1885. Une ville en Alberta porte son nom.

Portrait de «Gabriel Dumont, Métis français, commandant en second de Riel pendant la Rébellion de 1885», durant les années 1880. (Bibliothèque et archives Glenbow – NA-1177-1)

Un jour j'allai trouver Laferté (Louis Schmidt[1]) et lui exposai qu'on ne pouvait endurer cela. Il me répondit : « Tu n'es pas capable de l'empêcher ; la loi est passée. » Et Gabriel répond : « Je vais essayer tout de même. » On fit une assemblée à Batoche. On voulait nommer Gabriel président, mais il dit qu'il n'accepta pas, parce que, dit-il, « je veux pouvoir parler ».

Ce fut Emmanuel Champagne qui fut nommé président. De nouveau, Gabriel exposa comment le gouverneur n'était pas maître encore de ce pays : « Nous avons quitté le Manitoba, dit-il, parce que nous n'étions plus libres et nous sommes venus ici, dans un pays encore sauvage, pour être libres. Et voilà qu'on veut encore nous ennuyer, nous faire payer pour nous laisser couper notre bois de chauffage. Bon, nous ne nous laisserons pas faire. Le gouverneur fait un essai sur nous et, si on le laisse faire, il ira encore plus loin. »

L'assemblée décida de faire une pétition[2]. Michel Dumas, dit le rat, fermier de la réserve[3], était l'agent chargé de saisir le bois. Il s'offrit à signer aussi la pétition. « Toutefois, dit-il, je continue à saisir jusqu'à nouvel ordre. » Et Gabriel de lui dire :

« On n'a pas besoin de votre signature ; c'est de vous justement qu'on ne veut pas, et c'est contre vous qu'on travaille.

---

[1] Louis Schmidt fut le secrétaire de Louis Riel en 1870, mais il n'appuya pas Riel et Dumont dans le soulèvement de 1885.

[2] Les Métis envoyaient des pétitions pour faire valoir leurs droits mais on dédaignait de leur répondre. Par exemple, en mai 1881, cent quatre Métis signèrent une pétition dans laquelle ils demandaient les mêmes avantages qui avaient été accordés aux Métis du Manitoba en 1870, c'est-à-dire des « scrips » (bons-titres) aux chefs de famille et des terres aux enfants ainsi que l'arpentage en bordure des lacs et des rivières.

[3] Michel Dumas avait été nommé par le gouvernement canadien fermier-instructeur à la réserve d'Une Flèche près du lac aux Canards. Il y a deux réserves de Cris des Saules dans les environs de Batoche et du lac aux Canards : celle du chef Kàpeyakwàskonam (Une Flèche, connu en anglais sous le nom de *One Arrow*), et celle du chef Kàmiyistowesit (Petit-Barbet ou Barbu, plus communément connu en anglais sous le nom de *Beardy*).

« — Oh, Gabriel Dumont, fait Michel Dumas, je veux la signer avec vous autres pour vous montrer ma bienveillance pour vous. »

Et il gardait toujours la pétition à la main. Alors Isidore Dumas, qui était son oncle, lui prend la pétition des mains, lui disant : « Entends-tu ce que te dit Gabriel Dumont ? Il ne veut pas que tu signes, c'est entendu ? »

Alors Gabriel Dumont s'en va trouver [Lawrence] Clarke[1], bourgeois du fort Carlton, représentant du district à la Chambre. Il y va avec [Xavier Letendre dit] Batoche et Alex Cayen, tous les trois délégués par l'Assemblée.

Ils arrivent à Carlton et expliquent à Clarke le but de leur visite : « On nous fait payer le bois que nous coupons, ici en pays sauvage. Ce n'est [pas] possible de se laisser faire. Le gouvernement veut trop en faire. On vient vous trouver pour que vous empêchiez cela, puisque vous êtes notre représentant. Ça c'est par droit[2], voyez-vous, et si on les laisse faire, ils vont continuer. »

Clarke exposa qu'il n'y peut rien lui-même, que la loi est passée et que, tout représentant qu'il est, il doit s'incliner devant la loi.

« Eh bien dit Gabriel, s'il y a une loi, tu vas la faire abolir. Je vais te forcer ; il faut que tu marches[3], ou bien alors, ça ne sert à rien d'avoir un représentant.

— Non, vraiment, je ne puis rien faire, répliqua Clarke, c'est inutile d'essayer.

— Il le faut, dit Gabriel. Voilà un papier (il tira la pétition de sa poche), avec ça, tu vas aller à Winnipeg. Encore une fois, il faut que tu marches ou on n'a pas besoin de toi. »

---

[1] Lawrence Clarke était, depuis 1878, l'agent principal de la Compagnie de la Baie d'Hudson pour le district de la Saskatchewan et avait été élu en 1881 au Conseil des Territoires du Nord-Ouest comme représentant du district de Lorne, poste qu'il occupa pendant deux ans.

[2] C'est parce que nous en avons le droit.

[3] Marcher : être du même avis, faire sienne la position de l'autre.

Et Clarke, examinant la pétition et les signatures, dit alors : « Avec ça, certainement, je vais en marche ; mais vous ne me disiez pas que vous aviez fait cela, M. Dumont ; mais je vais m'en occuper avec plaisir, parce qu'en outre que je vous rendrai service, ça me donnera du relief à la Chambre ; on verra que je m'occupe de mon district. Je m'en vais télégraphier tout de suite, et si on ne me répond pas, j'irai à Winnipeg aux frais du gouvernement. »

Au bout de cinq jours, il avait la réponse, [un] ordre de laisser les Métis de la Saskatchewan couper librement le bois pour leur usage.

Michel Dumas recevait notification de cette nouvelle mesure et quelques jours après, rencontrant Jean Dumont dont il avait précédemment saisi le bois, il lui dit qu'il pouvait maintenant en disposer. Et Jean Dumont lui répondit : « Il est bien temps aujourd'hui que tu m'as fait perdre toute une année[1] (car c'était du bois de sciage). Tu devrais avoir honte de travailler ainsi contre tes pareils. »

Tout ceci se passait aux environs de 1881 ou 1882. Vers cette époque, on apprenait aussi qu'à Edmonton des Métis étaient dépossédés de leurs terres par de nouveaux *settlers*[2] ; que les Métis se plaignirent à la police et que celle-ci déclara qu'elle n'y pouvait rien ; que les colons se mirent à bâtir et à s'installer sur des terres dont les Métis réclamaient la propriété en qualité de premier occupant ; qu'alors une trentaine de Métis se réunirent, résolus à se faire eux-mêmes la justice ; qu'ils accusaient le gouvernement de ne vouloir leur rendre ; qu'ils signifièrent aux nouveaux occupants qu'ils reprenaient leurs terres et qu'attelant des chevaux avec des câbles aux petites maisons des colons, ils les firent débouler dans des ravins.

---

[1] C'est bien le moment maintenant que tu m'as fait perdre toute une année...
[2] Les *settlers* sont les colons venus s'établir dans la région.

Les colons, naturellement, se montrèrent fort irrités, mais les Métis, de leur côté, ne se laissaient pas intimider et on fut bien prêt de voir couler le sang.

Les Métis de la Saskatchewan, en apprenant ces faits, se mirent à craindre que pareille chose ne leur arrivât. Les difficultés qu'ils venaient d'avoir avec le gouvernement au sujet du bois n'étaient pas faites pour les rassurer. Au surplus, ils n'avaient pas encore obtenu les droits résultant du traité qui avait mis fin à la rébellion de 1870. Ils résolurent de demander au gouvernement la concession de ces droits.

Pendant les années 1882 et 1883, on s'occupa beaucoup de cela; on faisait des assemblées dans l'inspiration de Gabriel Dumont, Charles Nolin, etc., à Batoche, à Saint-Laurent et jusque du côté de Prince-Albert.

À la suite des assemblées, on adressait des pétitions au gouvernement; mais ces pétitions restèrent toujours sans réponse[1].

La dernière assemblée tenue dans cette période le fut chez Isidore Dumont, le père de Gabriel. On se demandait quel moyen on allait enfin employer pour faire valoir efficacement ses droits; on était découragé; alors un Métis anglais, nommé Andrew Spence, dit : « Il n'y a qu'un homme capable de nous aider : c'est Riel. »

C'est ainsi que fut suggérée l'idée de le faire venir, idée que tout le monde accueillit de suite comme la seule voie de salut[2].

---

[1] En juin 1881, trente-cinq Métis, établis depuis 1860 sur les bords de la rivière Qu'Appelle, adressèrent des pétitions au lieutenant-gouverneur des Territoires du Nord-Ouest (les futures provinces de l'Alberta et de la Saskatchewan), Edgar Dewdney, pour qu'on respecte leurs droits. Le 4 septembre 1882, quarante-sept Métis de Saint-Antoine-de-Padoue, sur la rivière Saskatchewan-Sud, dont Gabriel Dumont, firent part de leurs revendications au premier ministre du Canada, sir John A. Macdonald.

[2] Lors d'une assemblée des Métis de Saint-Laurent à Batoche, le 24 mars, Gabriel Dumont demanda aux Métis français et anglais de s'unir pour défendre leurs droits. C'est lors de cette assemblée qu'on suggéra d'appeler

C'est Riel en effet qui possédait le traité intervenu entre le gouvernement et les Métis en 1870, la pièce authentique sur laquelle s'appuyaient les réclamations actuelles. Il fut donc immédiatement décidé qu'on tâcherait d'amener Riel dans la Saskatchewan pour aider les pétitionnaires de ses lumières personnelles et du poids du contrat qu'il possédait; ou qu'à défaut on lui demanderait une copie du traité, qui serait contre le gouvernement un argument décisif. «Ces papiers de Riel, dit Gabriel, furent trouvés par Baptiste Rocheleau après la bataille. Il les aurait remis soit aux prêtres de Winnipeg, soit à un nommé Campeau de Montréal, qui est venu à Batoche, après la rébellion, avec [François-Xavier] Lemieux[1].»

Pour aller chercher Riel, on délégua Gabriel Dumont et James Isbister; le public devait, en leur absence, prendre soin de leurs familles. À eux se joignirent volontairement Moïse Ouellette et Michel Dumas, désireux aussi de voir Riel et de s'entretenir avec lui dans le cas où il ne consentirait pas à venir. [Calixte] Lafontaine et [Philippe] Gariépy, qui devaient aller à Lewistown chercher la mère du premier, les accompagnèrent eux aussi pendant une partie du trajet.

Gabriel Dumont avait un petit wagon d'une place; Moïse Ouellette et James Isbister avaient chacun un express[2] à deux chevaux.

«C'était la première fois, dit Gabriel, que j'allais au Montana; mais je savais la distance pour se rendre à la mission de Saint-Pierre et je dis avant de partir: le 15e jour après que j'aurai laissé d'ici, vous penserez que je suis proche.»

Riel à la rescousse. Cependant ce n'est que le 6 mai, à Prince-Albert, à l'école Lindsay, lors d'une réunion présidée par Andrew Spence, un Métis anglophone, que fut rédigée la décision.

[1] François-Xavier Lemieux fut un des avocats de Riel lors de son procès à Regina.

[2] Un express à deux chevaux: voiture à quatre roues qui sert à livrer des marchandises.

En effet, ils partirent le 19 mai, et le 4 juin au matin, ils arrivaient à la mission de Saint-Pierre.

C'est là que Riel était instituteur chez les pères[1]. Il était exactement huit heures quand ils entrèrent dans la cour de la mission; la messe venait de commencer. Les voyageurs entrèrent dans une petite maison habitée par James Swain[2]. Ils s'enquièrent de Riel et on leur dit qu'il assiste à la messe, suivant son habitude quotidienne. Gabriel s'adressant alors à une vieille fille nommée Arcand, qui se trouvait auprès, la pria d'aller dire à Riel que des personnes étaient là, qui désiraient lui parler de suite.

Riel sortit de la chapelle, se dirigeant vers la maison de Swain, et Gabriel, le voyant venir, alla à sa rencontre et lui tendit la main. Riel la lui serra et, la lui gardant longuement dans la sienne, lui dit:

«Vous êtes un homme de loin, à ce qui paraît; je ne vous connais pas mais vous, me connaissez-vous?

— Certainement, répond Gabriel, et je pense que vous devez me connaître aussi. Ne vous rappelez-vous pas le nom de Gabriel Dumont?

— Parfaitement, reprend Riel, je m'en souviens fort bien[3]; je suis bien content de vous revoir, mais excusez-moi, je vais retourner continuer d'entendre la messe. Allez m'attendre chez moi, là-bas, la maison plus loin que le petit pont; ma femme y est et je vous retrouverai dans peu d'instants.»

À son retour de la messe, Riel s'enquiert de l'objet du voyage des habitants du *North West*[4] et ceux-ci lui exposent qu'il est lui-même le but de leur visite.

Riel se montre à la fois surpris et flatté de ce qu'il entend,

---

[1] Louis Riel travaillait comme enseignant à la mission jésuite de Saint-Pierre à Sun River, un affluent du Missouri.

[2] Le nom est orthographié «Jimie Swan» dans le texte manuscrit.

[3] Dumont aurait vu Riel au mois de juin 1870.

[4] *North-West*: Territoires du Nord-Ouest du Canada.

et parmi la réponse qu'il fit, Gabriel Dumont se souvient de ces mots : « Dieu veut vous faire comprendre que vous êtes là dans un beau chemin, car vous venez à quatre et vous arrivez le quatre de mai. Et vous voudriez en avoir un cinquième pour vous en retourner; mais je ne puis vous répondre aujourd'hui. Attendez jusqu'à demain matin et alors je vous donnerai ma décision.

— Nous sommes pas mal pressés, dirent les émissaires, et nous aurions voulu repartir demain, mais tout de même on va attendre votre réponse. »

Le lendemain, comme on s'enquiert auprès de Riel sur sa détermination, il répond :

« Il y a quinze ans, j'ai donné mon cœur à une nation et je suis prêt à le lui donner encore aujourd'hui, mais je ne puis laisser ma petite famille. Si vous pouvez vous arranger pour nous emmener tous, je vais partir avec vous.

— C'est bon, disent les autres; avec nos trois voitures, on peut vous faire de la place. »

Riel avait sa femme, un fils âgé d'environ quatre ans et une fille de deux ans[1]. Mais, ajoute Riel : « Je ne puis partir avant huit jours. Je suis engagé [comme] instituteur ici et il faut que je m'arrange, car je veux partir honnêtement. »

On convient donc d'attendre pendant le délai qu'il réclame et, le huitième jour, on se met en marche.

Après quelques jours, on arriva à Benton (Montana), Riel s'en fut à la messe, et après la messe il alla parler au prêtre pour lui demander sa bénédiction. Le prêtre répondit qu'il ne voyait pas pourquoi il lui accorderait sa bénédiction.

Néanmoins, comme on devait s'arrêter là vingt-quatre

---

[1] Louis Riel avait épousé Marguerite Monet dit Bellehumeur « à la façon du pays », c'est-à-dire devant témoins mais sans prêtre, le 28 avril 1881. Le mariage a été béni à la Mission Saint-Pierre le 9 mars 1882. Ils eurent trois enfants : Jean-Louis, né en 1882 et décédé dans un accident de circulation en 1908; Marie-Angélique, née en 1883, morte de tuberculose en 1896; et en octobre 1885, un garçon décédé deux heures après sa naissance.

heures pour faire reposer les chevaux, Riel, le lendemain, alla de nouveau à la messe. Et alors le prêtre vint le trouver de lui-même et lui dit : « Si je vous ai répondu hier comme je l'ai fait, c'est que je ne pensais pas que ma bénédiction pût vous être utile ; néanmoins si vous le désirez toujours, je puis vous la donner. »

Riel accepta et sortit chercher ses compagnons pour qu'ils reçussent tous ensemble la bénédiction du prêtre. Gabriel Dumont consentit seul à se rendre à l'église à cet effet ; Riel amena aussi sa femme et ses deux enfants, et tous les cinq s'agenouillèrent à la table de communion où ils reçurent la bénédiction demandée.

Immédiatement après, on attela et on partit. En chemin, Gabriel Dumont composa une prière commémorative de cette bénédiction[1]. La voici, telle qu'il me l'a dictée de sa propre bouche : « Seigneur, forcez mon courage, et ma croyance et ma foi, pour la sainte bénédiction que j'ai reçue en votre Saint Nom, afin que j'y pense tout le temps de ma vie et à l'heure de ma mort. Ainsi soit-il. »

Le vingt-deuxième jour après leur départ de la mission Saint-Pierre, ils arrivaient à Fish Creek où une soixantaine de Métis étaient venus à leur rencontre. Et le soir, tous allèrent camper chez Gabriel Dumont : quelques-uns dans la maison et la plupart dans leurs tentes alentour. C'était le 5 juin 1884.

Le lendemain, on se mit en marche vers Batoche. Gabriel alla en avant, pour prier le Père [Julien] Moulin[2] de prêter

---

[1] Tout au long des événements, Gabriel Dumont montra une grande fidélité envers son chef. Un lien spirituel les unissait sans doute.

[2] Le père Julien Moulin (1830-1920), missionnaire Oblat de Marie-Immaculée originaire d'Ille-et-Vilaine (France), est arrivé à la Rivière-Rouge en 1858. Nommé à la mission Saint-Antoine de Batoche en 1882, il y œuvra jusqu'en 1914. Il ouvrit une école à Batoche en 1883, fut maître de poste pendant plusieurs années et fut blessé au cours des troubles de 1885. Dans le district de Batoche, on l'appelait « Père Caribou » à la suite d'une erreur du chef de la Compagnie de la Baie d'Hudson qui aurait confondu le mot anglais pour « cher » (« dear ») avec son homophone « deer ».

l'église où Riel devait faire un discours. Mais l'affluence se trouva tellement grande quand on arriva là que l'église était trop petite et ce fut dehors, derrière l'église, que Riel parla à la foule qui l'escortait. Il parla des droits, du traité, etc.

Riel resta quelque temps chez Moïse Ouellette. Puis, il alla chez Charles Nolin où il resta avec sa famille jusqu'à la rébellion.

L'été et l'hiver se passèrent à faire des assemblées et des pétitions. (Gabriel Dumont ne se rappelle pas que Riel ait jamais parlé d'acheter le journal de Prince-Albert, ce que [Jean] Caron m'a rapporté.)

L'une des dernières assemblées fut tenue chez Joseph Halcrow[1], en février 1885.

Il ne fut jamais répondu à aucune pétition; elles étaient adressées au gouvernement à Ottawa.

À la fin, la patience manquait à Riel et aux autres moteurs du mouvement, et un jour, paraît-il, on laissa échapper ce mot: «Il faut qu'ils nous répondent tout de même; qu'ils disent oui ou non[2]. Et ils ne peuvent pas dire non; puisque ce qu'on leur demande, c'est seulement l'accomplissement de leurs promesses. Alors, il faut qu'ils nous donnent nos droits, ou bien on va encore se rebeller.»

Toutefois, il ne faut point croire que ce mot de rébellion avait alors dans la bouche des Métis un sens aussi tragique que celui qu'il a acquis depuis.

Ils se rappelaient la rébellion de 1870 qui avait en somme été extrêmement pacifique et où la seule victime, [Thomas] Scott[3], devait son sort à son propre fanatisme fort exagéré. Et actuellement encore, les Métis, en parlant de rébellion, avaient assurément dans la pensée seulement une manifestation plus

---

1 Le nom est orthographié « Arcroux » dans le texte manuscrit.

2 «Oui et non», dans le manuscrit.

3 Thomas Scott, orangiste, emprisonné puis exécuté par le gouvernement provisoire de Louis Riel en 1870.

ou moins bruyante, menaçant jusqu'au point où il le faudrait pour être efficace à l'obtention des droits promis ; mais il est absolument certain que des évocations sanglantes ne surgirent alors dans la pensée de personne.

Car il n'y a pas au fond de gens plus doux et plus détachés des biens de ce monde que les Métis, et je suis sûr, quant à moi-même, que, si on avait mis les Métis de sang-froid dans l'alternative de renoncer à leurs droits ou de les conquérir dans le sang, il n'y en eût pas un seul qui n'en eût fait le sacrifice, un peu vexé d'abord, puis disant gouailleusement : « Qu'ils les gardent donc leurs droits ! On s'en fout bien après tout ! »

Mais voici [Lawrence] Clarke, le représentant bourgeois du fort Carlton, qui revient de Winnipeg par Qu'Appelle. En passant à la traverse de Batoche, il demande à ceux qui sont là : « Eh bien ! Est-ce qu'ils font toujours des assemblées ?

— Je pense bien ; plus que jamais ! On en fait presque tous les jours », lui fut-il répondu.

Et Clarke de dire alors : « C'est bon ! C'est bon ! Ils n'en feront plus longtemps. Il y a quatre-vingts policiers[1] qui viennent ; je les ai rencontrés à Humboldt et demain ou après demain, Riel et Gabriel Dumont vont se faire prendre. »

Grand émoi naturellement.

Le lendemain après-midi, on convoque une assemblée générale à l'église. Riel et Gabriel se tenaient adossés à l'autel. Gabriel Dumont annonce à la foule les dernières nouvelles : « La police vient pour se saisir de Riel », dit-il ; et il ajoute en s'adressant au public : « Qu'est-ce que vous allez faire ? Voilà un homme qu'on a été quérir à sept cents milles ; allez-vous nous le laisser filer comme ça dans nos mains ? Concertez-vous tous. »

---

[1] En fait, le matin du 18 mars, cent hommes de la Police à cheval du Nord-Ouest quittaient Regina pour le fort Carlton sous la conduite du commissaire A. G. Irvine.

Riel prit la parole à son tour à peu près en ces termes : « Oui, nous envoyons des pétitions, et on nous répond en envoyant de la police pour nous prendre, Gabriel Dumont et moi ; mais je crois bien au fond, continua-t-il, que c'est moi qui vous fais du tort. Le gouvernement me hait parce que, une fois déjà, je l'ai obligé à céder, et cette fois-ci, il ne veut pas que je sois le plus fort. Aussi, je pense qu'il vaut mieux que je parte ; je vais vous laisser et lorsque je serai parti, peut-être obtiendrez-vous plus facilement ce que vous réclamez. Oui, je pense vraiment que ce serait mieux que vous me rameniez au Montana. »

Mais les voix de la foule l'interrompirent et lui crièrent :

« Non, on ne va pas vous lâcher ; on a été vous quérir pour avoir nos droits et vous n'allez pas nous abandonner maintenant.

— Alors, dit Riel, il faudra donc que je vous déserte !

— Si tu désertes, on désertera tous avec toi ! » lui répond-on.

Gabriel prend alors la parole et dit :

« C'est pourtant ce qu'il y aurait de mieux, qu'il s'en aille et passe les lignes[1] ; comme ça il ne serait pas exposé à subir ici des insultes et à être fait prisonnier avec moi.

— Ils ne vous prendront pas ! N'ayez pas peur pour cela ! crie-t-on de la foule.

— Et qu'allez-vous donc faire ?

— Quand même on devrait prendre les armes, personne ne mettra la main sur vous !

— Que dites-vous là ? répliqua Gabriel Dumont, vous parlez de prendre les armes ; quelles armes avez-vous pour vous battre contre le gouvernement ? Et combien êtes-vous ?

— Oui, nous prendrons les armes, s'il le faut », crie-t-on de plus en plus fort.

---

[1] Les lignes : la frontière canado-américaine.

Riel ne parlait ni ne remuait.

Et Gabriel Dumont continue : « Oui, je sais bien, je les connais tous comme mes enfants. Je sais bien qui vous êtes après pour prendre les armes. C'est bon d'être résolus, mais pas tant que cela. Et puis je vous le demande encore, combien êtes-vous pour prendre les armes ? Que ceux qui veulent prendre les armes lèvent la main. »

Mais au lieu de lever seulement la main, voilà toute l'assemblée qui se lève comme un seul homme. On poussa des cris de joie et on clama : « S'il faut mourir pour notre pays, on mourra tous ensemble ! »

Néanmoins, Gabriel Dumont restait froid. Véritable chef d'entraînements populaires, capable de tous les héroïsmes à l'heure du danger, mais le mesurant d'avance avec un calme jugement, il dit encore :

« Je vois que vous êtes tous bien décidés mais je jongle[1] que peut-être vous serez vite fatigués et démontés[2]. Moi, je ne me rendrai pas. Mais combien en restera-t-il avec moi ? Deux ou trois ?

— Nous resterons tous jusqu'au bout ! cria-t-on de toutes parts.

— Allons, vous voulez, dit Gabriel, c'est bon. Si vraiment vous voulez prendre les armes, je marcherai encore à votre tête comme je l'ai fait jusqu'ici.

— Oh, alors ! Si vous voulez marcher à notre tête, c'est bon ! Prenons les armes ! Prenons les armes ! »

C'en était fait ! La rébellion armée était décrétée. Dans la nouvelle rapportée par Clarke, que la police venait se saisir de Riel, personne n'eut songé à ce moment encore à s'insurger militairement ; peut-être y fut-on venu, mais en tous cas on eut avant cela épuisé tous les moyens pacifiques d'obtenir raison.

---

[1] Jongler : réfléchir ou penser.
[2] Démontés : découragés.

C'est Clarke qui a mis le feu aux poudres en rapportant cette nouvelle... et cette nouvelle était fausse ; il l'avait inventée pour faire peur aux organisateurs d'assemblées[1] !

Quand on eut ainsi décidé la prise des armes, on quitta l'église ; une trentaine allèrent chercher des armes chez eux, puis revinrent, et on se dirigea vers la maison de Norbert Delorme (aujourd'hui Ladéroute). La foule resta là avec Gabriel Dumont, tandis que Riel, accompagné de Napoléon Nault, alla faire un tour du côté de Fish Creek.

Gabriel dit alors : «Maintenant, quand je verrai un homme du gouvernement, je le prendrai. Vous allez peut-être penser que j'en fais trop. Mais non, du moment qu'on a pris les armes, il faut se mettre tout à fait en rébellion, ou alors ce n'était pas la peine.»

Presque à ce moment arriva l'agent des Sauvages, accompagné de son homme, ils venaient de la réserve :

«Je vous fais prisonnier, lui dit Gabriel[2].

— Ah ! Et pourquoi donc ?

— C'est qu'on prend les armes contre le gouvernement et tous les hommes du gouvernement, on les fera prisonniers.

— Alors c'est bon, dit l'agent, prenez-nous.»

Quelque temps après, on entend une voiture venant du côté de la traverse. Gabriel Dumont reconnaît George Ness[3] et va se mettre sur le chemin pour l'arrêter. L'autre fouette son cheval.

«Arrête», lui crie Gabriel. George Ness accélère encore son cheval.

---

[1] Par la suite, Lawrence Clarke nia qu'il avait dit une telle chose.

[2] Il s'agissait de John Bean Lash, l'agent des Affaires indiennes de la région du fort Carlton, et son interprète, William Tompkins.

[3] Dans le manuscrit, le scripteur a écrit «Jordinès» ou «Jardine» qui est sans doute une transcription orale d'une prononciation à l'anglaise de George Ness. George Ness, fermier et magistrat de Batoche, en visite à fort Carlton, avait indiqué au major Crozier que Gabriel Dumont avait essayé de persuader les Cris de la réserve d'Une Flèche de venir appuyer les Métis en révolte, et que ces derniers se préparaient à la guerre.

« Arrête, je te dis », répète Gabriel, et comme George Ness fouettait son cheval de nouveau, « si tu n'arrêtes pas, je tire ton cheval », crie Gabriel, en portant la main à sa carabine.

Cette fois George Ness arrête.

« D'où viens-tu ? lui demande Gabriel.

— Je n'ai pas besoin de vous dire les voyages que je fais.

— On n'a pas besoin de le dire quand ce sont des voyages honnêtes. Mais toi, ce ne sont pas des voyages honnêtes, tu vas au lac Canard pour rapporter tout ce que nous faisons. Et je te fais prisonnier.

— Mais mon cheval, il faut que je l'emmène.

— Non, ton cheval est prisonnier aussi !

— Mais j'avais été chercher des médecines pour ma femme qui est malade et il faut que je les lui porte.

— Donne-les-moi, dit Gabriel, je vais les lui faire porter. »

On porta les médecines et George Ness resta prisonnier.

Sur ces entrefaites, Riel revient et demande :

« Qu'y a-t-il de nouveau, depuis mon départ ?

— Il y a, répond Gabriel, que j'ai déjà fait trois prisonniers.

— Ah, ah, c'est bon ! » dit Riel.

Puis on retourna vers l'église ; on s'arrêta à la maison de Ludger Gareau[1] qui fut choisie pour être celle du conseil. Ce soir-là, pillage du *store*[2] Baker. (Ceci se passait le 18 mars.)

Cette même soirée, pillage du *store* de Baker et arrestation, dans la nuit, des deux gens qui réparaient le télégraphe[3]. Ils

---

[1] Dans le manuscrit, le scripteur a écrit « Jarreau » au lieu de Gareau. Ludger Gareau était un Canadien français venu à Batoche en 1878. Il avait construit l'église et le presbytère de Batoche. Il était absent durant les troubles de 1885.

[2] *Store* signifie magasin. Les Métis se saisirent des armes et des munitions entassées dans les magasins de Walters et de Baker. Les intentions de Riel étaient de s'emparer du fort Carlton afin de pousser sir John A. Macdonald à négocier.

[3] Il s'agissait de Peter Tompkins et John McKean. En fait les deux hommes furent arrêtés à Batoche, puis escortés chez Norbert Delorme.

furent pris par Isidore Dumont et Augustin Lafontaine, capitaines, et les gens qu'ils commandaient.

Gabriel était resté à Batoche. Quand il apprit qu'on avait fait deux prisonniers, il traversa la rivière et vint à leur rencontre : « Les avez-vous désarmés ? » demanda-t-il.

Et comme on lui répondait négativement : « Ah bien ! Vous en faites de drôles de capitaines », dit-il. Il les visita lui-même, mais ils n'avaient pas d'armes.

Mission de Mitchell et Tom McKay pour pacifier

[HILLYARD] MITCHELL et Tom McKay vinrent à la maison du conseil, chez Gareau, pour essayer de calmer les esprits[1].

Tom McKay accusait Riel d'être l'auteur de tout le désordre : « Pour Gabriel, disait-il, je pense qu'il ne comprend pas ce qu'il fait, il se fait tromper », et quelqu'un lui répliqua : « Tom, vous avez raison, je ne suis pas instruit, mais quand on me dit quelque chose, je comprends. Je ne me trompe pas tant que vous, parce que vous vous mettez contre nous, et pourtant vous êtes Métis aussi, et vous avez les mêmes droits à faire valoir que nous. Je ne sais pas si vous avez seulement une petite cuillère de bon sens. Votre sang est tout en eau. Si ce n'était pas [de] votre associé, je vous ferais prisonnier. » Mitchell, en effet, ne disait rien.

Il fut convenu que Riel enverrait deux hommes qui en rencontreraient deux de la police venant de Carlton, afin de lui remettre des communications. Les deux hommes envoyés

---

[1] Le commandant du fort Carlton, Crozier, décida d'envoyer Hillyard Mitchell et un Métis écossais du nom de Thomas McKay pour négocier avec Louis Riel. Ce dernier demanda à Mitchell de retourner au fort Carlton pour demander à Crozier de céder le fort aux Métis. Mitchell revint à Batoche avec la réponse du commandant, mais Riel refusa d'aller au fort Carlton pour parlementer.

Troupes de soldats dans une coulée, en route vers Long Lake, Saskatchewan. Notez les poteaux de télégraphe. Photo prise par O.B. Buell en 1885 durant la Résistance du Nord-Ouest. (Bibliothèque et Archives Glenbow – NA-3205-3)

Membres du 10e Bataillon, Grenadiers royaux, Toronto, en route vers le front, dans des charrettes tirées par des bœufs, durant la Résistance du Nord-Ouest. Photo prise par O.B. Buell en 1885. (Bibliothèque et Archives Glenbow – NA-3205-2)

par Riel furent [Charles] Nolin et Maxime Lépine. Ils rencontrèrent bien les hommes de la police, mais on ne sait pourquoi, ils ne remirent pas les papiers[1].

Pillage du *store* Mitchell (24 mars)

ON RAPPORTAIT ici que Mitchell aurait dit : « S'ils veulent venir piller mon *store* je les recevrai à coups de fourche ! »

Gabriel dit alors à Riel : « Nous leur donnons trop d'avantages ; ils viennent de Duck Lake nous épier jusqu'à la traverse. Et puis pourquoi est-ce qu'on ne prend pas le *store* de Mitchell. On a pris les armes et on reste là ; si on veut pousser les choses plus loin, il nous faut au moins des provisions[2].

— Mais, dit Riel, ce ne serait pas facile, ils ne nous laisseront pas piller comme ça.

— Donnez-moi dix hommes, dit Gabriel, et je m'en charge. »

Riel accepte et Gabriel choisit dix hommes parmi ceux qu'il pense les plus résolus : Édouard Dumont, Philippe Gariépy[3], Baptiste Deschamps, Baptiste Arcand, Baptiste Ouellette, Norbert Delorme, Joseph Delorme, Augustin Laframboise.

Ils partirent de Batoche de bonne heure après midi. Mitchell fut averti de leur approche. Quand ils arrivèrent, le magasin était fermé. Son Métis anglais Magnus Burnstein, fermier près du lac Canard, se trouvait auprès :

---

[1] En fait, à une courte distance à l'est du fort Carlton, Lépine et Nolin rencontrèrent Thomas McKay et un autre homme envoyés par Crozier. Ce dernier demandait aux Métis de livrer leurs chefs, et qu'à cette condition, on les laisserait en liberté.

[2] Le lac aux Canards était un point stratégique car son occupation aurait permis un meilleur contrôle des pistes menant à Prince-Albert et au fort Carlton. Les Métis avaient peur que Crozier s'y établisse afin d'espionner leurs activités.

[3] Dans le manuscrit, le scripteur a écrit « Gardupuy » au lieu de Gariépy. Les gens de la région disaient « Gardepuis ».

Troupes de miliciens levant le camp à «Guardapuis' Crossing» (Traverse de Gariépy), Saskatchewan. Photo prise par James Peters en 1885. (Bibliothèque et Archives Glenbow – NA-363-63)

Troupes traversant la rivière Saskatchewan-Sud, à «Guardapuis' Crossing» (Traverse de Gariépy), Saskatchewan. Photo prise par James Peters en 1885. (Bibliothèque et Archives Glenbow – NA-363-56)

«Où sont les gens du *store*? lui demanda Gabriel.

— Ils [se] sont sauvés.

— Eh bien! c'est bon, dit Gabriel, on va défoncer les portes.»

Et comme il allait le faire: «Tiens, dit Burnstein, ils m'ont laissé les clefs, les voici.»

On pénétra dans le *store*, mais toutes les munitions avaient disparu. On trouva des sacs de plomb jusque dans les fosses d'aisance.

On resta là un moment. On fut avisé bientôt après que tous les gens de Batoche arrivaient avec Riel.

Quand ils furent arrivés, Gabriel reprit ses dix hommes afin d'aller surveiller le chemin de Carlton, se défiant que la police pourrait venir les surprendre.

Ils traversèrent le lac Canard sur la glace et s'arrêtèrent à la réserve[1]. Là ils soignèrent leurs chevaux. La nuit tombait. Alors Gabriel détacha deux de ses hommes, Baptiste Arcand et Baptiste Ouellette pour aller surveiller la route. Bientôt ils revinrent dire qu'ils apercevaient deux *policemen*[2].

Gabriel Dumont prend avec lui son frère Édouard, Baptiste Deschamps, Philippe Gariépy et un Sauvage qui demanda à les accompagner, et laissant les autres à la réserve, ils se mettent à la poursuite des deux *policemen* signalés. Gabriel montait à poil[3] un cheval cendré du Canada.

«S'ils veulent se défendre, dit-il, on va les tuer, sinon on ne leur fera pas de mal.»

Ils s'en allaient tantôt au galop et tantôt au trot. Il faisait un beau clair de lune. Ils ne parlaient qu'à voix basse. Ils se rendaient précisément à l'endroit où devait avoir lieu la rencontre le lendemain, quand, sur le grand coteau, à la

---

[1] La réserve de *Beardy*, soit celle du Chef Kàmiyistowesit (Petit-Barbet ou Barbu, plus communément connu en anglais sous le nom de Beardy).

[2] *Policemen*: policiers.

[3] Monter à poil un cheval: être sur un cheval qui n'a pas de selle.

sortie de la pointe du bois, ils aperçurent les deux *policemen* qui s'en allaient, marchant le pas, côte à côte. On continue de les approcher, sans qu'ils s'en aperçoivent. On arrivait à la montée du grand coteau quand on était à bonne distance pour commencer et les charger. « Quand je crierai "Ah!" Vous lâcherez tous vos chevaux, dit Gabriel, et on va les poigner. »

Il y avait une forte croûte sur la neige et il était impossible de quitter le chemin; Gabriel, qui avait pris des chevaux de choix, était sûr de rejoindre les deux Canadiens en une courte distance. Mais il attendit d'avoir entièrement gravi la montée du coteau afin de donner bon pied aux chevaux pour le départ. Alors: « Ah! » Tous les chevaux bondissent. Les deux *policemen* sont rejoints déjà quand ils songent à fuir. Gabriel, qui est toujours en tête, se trouve au côté gauche de l'un d'eux :

« Arrête, lui dit-il, si tu veux te sauver, je te tue.

— Eh quoi? lui dit le Canadien, je suis un arpenteur.

— Qu'est-ce que tu me chantes, répond Gabriel, on n'arpente pas à cette heure-là. »

Et en même temps, passant sa jambe par dessus l'encolure de son cheval et saisissant le *policeman* par les deux bras, il le fait tomber à terre avec lui.

Philippe Gariépy et Baptiste Deschamps s'étaient mis à la poursuite de l'autre *policeman*. Comme il avait pris de l'avance, tandis que le chemin se trouvait barré par le premier et Gabriel, ils ne pouvaient le rejoindre quoiqu'ils le serrassent de tout près. Alors Baptiste Deschamps dit: « Je vais le tirer. » Le *policeman* comprit sans doute; il se retourna pour regarder en arrière, et peut-être eut-il alors ce mouvement de la main qui fit changer de pied son cheval mal à propos. Toujours est-il que le cheval trébucha et que le *policeman* tomba. Philippe Gariépy ne put arrêter son cheval et passa tout droit. Baptiste Deschamps, qui le suivait, sans arrêter complètement le sien, saute par terre sur le *policeman* et le saisit à bras le corps. En même temps, Philippe Gariépy venait à son aide.

Gabriel Dumont, après avoir désarmé son prisonnier, vint au dernier capturé et le désarma à son tour. « Vous êtes mes prisonniers, dit-il, je vais vous emmener au lac Canard. »

Les *policemen* demandèrent leurs chevaux. « Pour ça non, dit Gabriel, on ne vous donnera pas les vôtres, on va vous en donner d'autres »; il choisit les moins bons, et qui n'avaient pas de selle, mais les *policemen* préférèrent alors se rendre à pied.

Quand on arriva au *store* de Mitchell, on reconnut dans l'un des *policemen* le shérif Ross[1].

« Il n'est pas shérif ce soir, dit joyeusement Gabriel, car c'est moi qui l'ai fait prisonnier. » Et on les garda avec les autres prisonniers qu'on avait amenés de Batoche. Immédiatement, Gabriel Dumont repartit avec ses hommes pour surveiller de nouveau le chemin de Carlton. Ils se replacèrent en observation au même endroit, mais sans rien voir de plus.

Quand vint le jour, ils pensèrent que la police ne risquerait plus d'envoyer des éclaireurs et ils se retirèrent. Ils venaient d'arriver au lac Canard et de mettre leurs chevaux à l'étable quand on crie : « Voilà la police ! »[2]

C'étaient trois *policemen*, en effet, qui étaient venus en reconnaissance jusqu'au lac Canard. On court chercher les chevaux pour les poursuivre. Plusieurs sont déjà partis tandis que Gabriel bride son cheval; mais il veut toujours être en tête, il faut qu'il les rejoigne. Alors, au lieu de suivre le chemin, il pique tout droit à travers la neige, confiant dans son cheval; mais il arrive dans de grands bancs, son cheval

---

[1] Crozier, qui avait peur que les Métis interceptent le commissaire Irvine, envoya le député shérif de Prince-Albert, Harold Ross, et John W. Astley pour espionner les activités des Métis.

[2] Le 26 mars 1885, le sergent de la Police à cheval du Nord-Ouest, Alfred Stewart, et les dix-huit hommes qui l'accompagnaient dans huit traîneaux se dirigèrent vers le lac aux Canards; quatre éclaireurs les précédaient ainsi que Thomas McKay.

peut à peine s'en sortir et il perd encore du terrain. Il se trouve à un quart de mille en arrière de Jim Short et de Patrice Fleury.

Ceux-ci ont couru les trois *policemen* et ont rejoint Tom McKay, et lui ont dit (à ce dernier) : « Sauve-toi vite, car Gabriel Dumont a fait prisonnier cette nuit vos deux hommes, et il va te prendre aussi s'il peut t'attraper. »

Édouard Dumont a rejoint Jim Short et Patrice Fleury ; en poursuivant les trois *policemen* montés, ils arrivent jusqu'au gros de la troupe. Il y a là vingt *sleighs*[1]. Celles-ci ont été arrêtées et mises en travers, vraisemblablement pour se préparer à une défense ou à une attaque. Comme ils approchaient, un *policeman* crie de l'une des *sleighs* : « Arrêtez ou on vous tue ! »

Ils s'arrêtent donc, restant sur leurs chevaux. Gabriel, qui arrivait par derrière, leur dit : « Mais qu'est-ce que vous faites là ? Pourquoi restez-vous sur vos chevaux ? Vous voyez bien qu'ils veulent vous tirer. Descendez de cheval pour pouvoir vous défendre ! » Gabriel lui-même descend de son cheval et lui donne une tape sur le cou afin qu'il s'éloigne. Puis il s'avance vers la police. Quand il en fut à vingt-cinq verges, un sergent qui était dans la deuxième *sleigh* lui cria : « Si tu n'arrêtes pas, je te tue. » Et en même temps, il visait Gabriel avec sa carabine. « Ne fais pas ça, lui crie Gabriel, parce que je te tue le premier ! » Et lui-même épaule et vise le sergent.

Alors ce dernier met sa carabine en travers sur ses genoux. Pendant que cela se passait, Gabriel avait encore avancé de quelques pas, en sorte que le voilà maintenant à une quinzaine de verges du sergent. En deux ou trois bonds, il est à la *sleigh* avant que le sergent ait le temps de reprendre sa carabine. Il donne au sergent un coup du canon de sa carabine dans la poitrine et le renverse dans la *sleigh*. Puis, en

---

[1] « *Sleighs* » en anglais signifie « traîneaux ».

relevant sa carabine, comme il avait des gants, il fit partir le coup en l'air, sans intention.

Le sergent se relève du fond de la *sleigh* et fait mine de menacer Gabriel avec sa carabine. « Ne grouille pas[1], lui dit ce dernier, sinon je te tue. » Tom McKay, à cheval, qui était à une petite distance crie alors à Gabriel : « Prends garde ! Il va t'arriver malheur si tu continues ! » Et Gabriel lui répond : « Prends plutôt garde à toi ; c'est ta faute, tout ce qui se passe. C'est toi qui amènes la police ici et s'il arrive quelque chose, ce sera à ta responsabilité. Ne sais-tu pas qu'il y a des Métis canadiens qui se fichent de la mort plus que vous autres ? » Et comme Tom McKay répliquait, Gabriel court sur lui la carabine à la main pour lui en donner un coup. Tom McKay veut faire retourner son cheval ; ce dernier met les pieds de derrière hors du chemin, qui était haut, et les enfonce profondément dans la neige ; en sorte que le cavalier se trouvait très bas ce qui donnait à Gabriel beau jeu pour le frapper. Déjà il lançait le coup, mais le cheval, croyant qu'il lui était destiné, fit un brusque mouvement et ressauta d'un bond sur le chemin. L'extrémité du canon de la carabine glissa seulement sur les reins de Tom McKay qui éperonna son cheval ; et comme il s'élançait, Gabriel donna un autre coup dans les fesses du cheval.

Un *policeman* d'une autre *sleigh* fait alors signe à Gabriel Dumont qu'il va tirer sur lui. Mais Gabriel le vise aussi, et le *policeman* met sa carabine en travers sur ses genoux. Au même moment, toutes les *sleighs* s'ébranlent. Jim Short et Patrice Fleury étaient restés à cheval à distance. Seul Édouard Dumont, sur l'injonction de son frère, était descendu et s'était approché aussi, tandis que Gabriel parlementait d'une façon si guerrière. Et quand les *sleighs* se mirent en mouvement, Édouard Dumont courut à la première [*sleigh*] et tâcha de

---

[1] Ne grouille pas : ne bouge pas.

l'escalader en saisissant les rênes des attelages; car il avait dans l'idée de faire prisonnier tout le convoi. Mais on le repoussa et il roula dans la neige; et toutes les *sleighs* partirent au galop dans la direction de Carlton.

Jim Short leur lançait des insultes, mais Gabriel lui dit: «Tâche de te taire! Tu n'as pas pu descendre de sur le dos de ton cheval tout à l'heure et maintenant qu'ils s'en vont tu leur envoies des sottises. Si c'est pour ça que tu es venu, tu pouvais bien rester à te chauffer les pieds!»

Gabriel et ses trois hommes retournent au lac Canard. Les autres qui arrivaient en arrière rebroussèrent chemin avec eux.

De nouveau, ils mettent leurs chevaux à l'étable et déjeunent; et ils ont à peine fini qu'une fois encore, on vient avertir que la police vient[1].

On part tous et on va l'attendre au grand coteau, dans le pan de la côte.

On rencontre un parti d'éclaireurs. On le poursuit. On arrive jusqu'au gros de la troupe. Tout en poursuivant, Gabriel disait à son frère Isidore: «Il ne faut pas tirer les premiers; on va tâcher de les faire prisonniers; il n'y a que s'ils se défendent qu'on tirera aussi.»

En arrivant sur la police, Gabriel voit que toutes les *sleighs* quittent le chemin, le lui laissant libre, mais se disposant assurément à se battre. Non loin du chemin était un petit bas-fond. Il n'hésite pas; lui aussi quitte le chemin, court à ce petit bas-fond en criant à ses gens de le suivre. Vingt-cinq s'y portent, descendent de cheval et s'y mettent sur la défensive.

Crozier[2] lui-même s'avance. Isidore Dumont et un

---

[1] Le sergent Alfred Stewart avait envoyé un courrier pour avertir Crozier de ce qui était arrivé. Ce dernier, qui voulait attendre les renforts d'Irvine, fut néanmoins influencé par les volontaires et Lawrence Clarke. Quand on insinua qu'il était un lâche, il décida de se diriger vers le lac aux Canards.

[2] Lief Newry Fitzroy Crozier, membre de la Police à cheval du Nord-Ouest dès sa fondation en 1873, était, depuis mai 1884, commandant du détachement de Battleford (Saskatchewan).

Sauvage vont à sa rencontre. Crozier et le Sauvage [Asiyiwin] se seraient donné la main. Le Sauvage était complètement sans armes. Puis un *policeman*, Métis anglais du nom de [Joe] McKay, s'avance au grand pas de son cheval. Le Sauvage se précipite sur lui et veut lui prendre son fusil. Il n'y réussit pas. On pense généralement que le *policeman* tua alors le Sauvage qui fut la première victime de la guerre[1]. Mais Gabriel pense bien que ce fut Isidore, son frère, qui fut frappé le premier. « Car, dit-il, le Sauvage était sans armes, tandis que mon frère avait son fusil à la main. Et le *policeman*, logiquement, devait d'abord tirer sur l'homme armé s'il ne voulait pas être tué à son tour par lui. Du reste, ajoute Gabriel, si le *policeman* eut d'abord tiré sur le Sauvage, il n'y a aucun doute que mon frère l'eut tiré de suite. Or, mon frère a été tué sans avoir déchargé son fusil; nous l'avons trouvé à son côté. »

Du reste, Édouard Dumont dit qu'aux premiers coups, il a vu le Sauvage encore debout, et même revenant à eux, et quoiqu'il n'ait pas vu l'instant où il tombait, il ne fut pas la victime du premier coup.

Ce Sauvage était le filleul de Charles Trottier. Au reste, il n'a pas été tué raide; il n'expira qu'en arrivant au lac Canard.

Au premier coup de feu, Gabriel dit : « Levez-vous et tirez. » Le combat dura vingt minutes.

Riel était dans le petit bas-fond avec eux[2]; il était à cheval, un crucifix à la main qu'il tenait élevé. Il ne descendit pas de cheval quoiqu'il fût fort exposé; car le petit bas-fond n'était pas assez creux pour qu'un homme à cheval fût à l'abri.

Comme les Métis menaçaient de tourner l'ennemi[3], celui-ci donna le signal du départ.

---

[1] Le Cri Asiyiwin ou Assywin, un des capitaines de la réserve de Beardy. On l'amena au magasin Mitchell où il mourut le soir même. Il semble que ce soit Crozier qui donna l'ordre à Joe « *Gentleman* » McKay de tuer Asiyiwin; puis, il tua de son revolver Isidore Dumont.

[2] Au bruit de la fusillade, Riel était parti de Batoche avec soixante-dix hommes.

[3] Tourner l'ennemi : les prendre à revers.

À ce moment, Gabriel, caché derrière un petit *bluff*[1], voyait une *sleigh* à travers un jour dans les branches. Il se dit : «Quand ils viendront pour monter dans cette *sleigh*-là, je leur ferai leur affaire.» En effet, un *policeman* se présente juste en face ; une balle dans la tête le fit culbuter dans la *sleigh*.

Et alors il crie à ses gens : «Courage ! Suivez-moi, je vais les faire embarquer dans leurs *sleighs*, mais attendez !» Et il court en avant sur l'ennemi qui fuyait.

À ce moment, il tombe assis sur la neige. Une balle sur le sommet de la tête lui creusait dans le crâne un sillon et ricochait en sifflant. Le sang jaillissait en l'air[2]. «Ah ! ils vous tuent», s'écrie [Joseph] Delorme, mais Gabriel lui répond : «Quand on ne perd pas connaissance par la tête, on n'en meurt pas.» Et en même temps, il crie à Baptiste Vandal : «Cousin, viens prendre ma carabine !» Baptiste Vandal pose là son mauvais fusil et prend le quatorze-coups[3] de Gabriel. «Tiens, prends aussi mes cartouches», ajoute celui-ci. Vandal décrochait la ceinture à cartouches du revolver : «Non ! Pas celle-là, dit Gabriel ; détache l'autre boucle !»

«J'essayai ensuite de me lever sur mes genoux, raconte Gabriel, mais c'était la ceinture à cartouche du revolver qui tenait mon pantalon ; et comme Baptiste Vandal ne l'avait pas raccrochée, mon pantalon tombait.»

Son frère Édouard vient alors, le tire jusqu'au bord d'un petit ravin et l'y fait glisser en le poussant, afin de le mettre à l'abri.

Augustin Laframboise gisait tout auprès. Il se traîna jusqu'à lui et de nouveau voulut se lever sur ses genoux pour faire le signe[4] sur son corps. Mais il retomba sur le côté en

---

[1] *Bluff* signifie butte ou colline.

[2] Dans le manuscrit, nous lisons : «le flanc jaillissait en l'air».

[3] Il s'agit d'une carabine Winchester à quatorze coups, que Gabriel Dumont appelait «le petit».

[4] En d'autres mots, faire un signe de croix.

disant: «Je ne peux pas maintenant; attends tout à l'heure, dans un moment.» Mais Laframboise était déjà mort, d'une balle à travers le corps.

Alors les Anglais étaient complètement en fuite[1]. Édouard Dumont criait: «Courons après eux! On va les détruire!» Mais Riel, toujours son crucifix à la main: «Vous en avez assez fait comme cela. Allons-nous en!»

On mit Gabriel à cheval et on lui attacha la tête avec des mouchoirs. En passant près du corps de son frère Isidore, il descendit; mais il ne put que constater qu'il était mort.

Un peu plus loin, on lui dit que, derrière un *bluff*, il y avait un jeune volontaire blessé à la jambe. Il fait le tour de la clôture et arrive à lui. Il veut le tuer: «*Boy! That's the good found*[2]», lui dit-il. Il cherche son revolver; mais il est juste derrière son dos; il ne peut l'atteindre ni à droite ni à gauche. Tandis qu'il cherche ainsi à le saisir, Riel arrive et l'empêche de le tuer. Comme je demande à Gabriel pourquoi il voulait tuer ce blessé: «Il venait de se battre contre nous, et j'étais choqué de ce qu'ils avaient tué mes parents et qu'ils m'avaient rasé moi-même.»

On emmena le blessé avec les leurs.

Ils revinrent au lac Canard avant midi. En arrivant, Riel fit placer tout le monde en rang et dit: «Vous pouvez vous féliciter d'avoir à votre tête quelqu'un comme M. Dumont. Nous allons crier trois hurrahs pour lui.» Et Gabriel fut salué par un triple hurrah.

Comme les Anglais avaient laissé plusieurs de leurs morts sur le champ, Riel leur fit dire qu'ils pouvaient venir les chercher.

---

[1] Les policiers s'étaient cachés derrière les traîneaux et les arbres, mais les volontaires, sans expérience, se jetèrent sur la maison dans laquelle se trouvaient les Métis. Pris dans un mètre de neige, ils furent les premières victimes du combat.

[2] Le manuscrit se lit ainsi. Or cette phrase est grammaticalement incorrecte en anglais. Ne sachant pas exactement ce que Dumont avait dit, nous proposons l'hypothèse suivante: «Boy! That's a good find!», qui voudrait dire: «Tiens! Voilà une trouvaille!»

Quelques participants de la Résistance des Métis du Nord-Ouest, photographiés par O. B. Buell pendant leur procès à Régina, au courant des mois de juillet et août 1885. Assis (de g. à d.) : Horse Child, fils cadet de Big Bear ; Big Bear ; Alex D. Stewart, chef de la police, Hamilton ; Poundmaker. Debout, (de g. à d.) : Louis-Napoléon Blache de la Police à cheval du Nord-Ouest ; le père Louis Cochin, o.m.i. ; le Surintendant Richard Burton Deane ; le père Alexis André, o.m.i. ; Christopher Robinson, avocat de la Couronne. Les Autochtones tiennent les pipes offertes afin de les inciter à poser pour la photo. (Bibliothèque et Archives Canada – C-001872)

§ §
§

Photo à gauche : Groupe de prisonniers métis et autochtones de la Résistance des Métis du Nord-Ouest, photographié à Régina en août 1885 par O. B. Buell. De gauche à droite : 1. Ignace Poitras ; 2. Pierre Parenteau ; 3. Baptiste Parenteau ; 4. Pierre Gariépy (« Guardepéey Pierre ») ; 5. Ignace Poitras fils ; 6. Albert Monkman (Conseil métis) ; 7. Pierre Vandal (Conseil métis) ; 8. Baptiste Vandal ; 9. Joseph Arcand ; 10. Maxime Dubois ; 11. James Short ; 12. Pierre Henry ; 13. Baptiste Tourond ; 14. Emmanuel Champagne (Conseil métis) ; 15. Kit-a-wa-how, ou Alex Cagen, ex-chef des Autoctones de Muskeg Lake. (Bibliothèque et Archives Canada – PA-118760)

Il leur envoya à cet effet le prisonnier[1] qu'on avait fait à Humboldt, porteur d'une lettre par laquelle Riel et Gabriel Dumont donnaient leur parole qu'on ne les inquiéterait pas dans ce devoir. On donna au prisonnier un trompeur[2] avec un cheval pour se rendre à Carlton.

Il remit la lettre ; mais les Anglais craignent que ce ne soit un piège. Bien plus, ils accusent le messager d'être complice dans l'embûche et ils le font prisonnier à leur tour.

Gabriel Dumont voulait aller à l'Épinettière[3] arrêter la police. Mais Riel s'y opposa en disant que c'était trop sauvage d'aller les attaquer la nuit. Gabriel était fort mécontent de l'opposition de Riel et il lui dit : « Si tu leur donnes l'avantage comme cela, on ne réussira pas. »

Le feu, au fort Carlton[4]. Des Métis qui étaient non loin sauvèrent une partie du butin.

Saint-Denis[5] dit : « S'ils étaient venus à l'Épinettière, ils nous détruisaient tous. Moi, épuisé de fatigue, je dormais en marchant ; car c'était la deuxième nuit que je ne dormais pas. »

Quand la police fut arrivée à Prince-Albert, le prisonnier qui avait porté la lettre de Riel protesta à nouveau de sa bonne foi. On le crut enfin et on le remit en liberté. Le lendemain du combat, comme les corps enflaient au soleil, Riel envoya deux *sleighs* qui charrièrent les corps dans une des petites maisons où avait eu lieu le combat.

Ce fut le surlendemain que trois *sleighs* arrivèrent de

---

[1] Il s'agissait de Thomas Sanderson.

[2] Un trompeur est un petit buggy.

[3] Il y avait une épinettière ou talle d'épinettes près du fort Carlton le long du sentier qui menait à Prince-Albert. Cette épinettière était à la hauteur de la maison de Maxime Lépine, à mi-chemin entre Saint-Laurent et Saint-Louis.

[4] Le fort Carlton prit feu le 28 mars, vers une heure du matin, par accident, alors que la Police à cheval du Nord-Ouest évacuait les lieux.

[5] Il s'agissait sans doute de Louis Saint-Denis, connu aussi sous le nom de Joseph Saint-Denis.

Prince-Albert pour prendre les morts. Le prisonnier envoyé, ainsi que Jackson, frère du secrétaire de Riel, les accompagnaient[1]. Ils vinrent jusqu'au lac Canard. Là on les fit dételer et on soigna leurs chevaux. Il y avait neuf corps morts qu'ils emmenèrent. Le frère de Jackson resta avec les Métis (ce fut le secrétaire qui devint fou)[2].

Le nombre total des combattants métis fut environ de deux cents, Sauvages compris. Mais tous n'étaient pas armés, principalement parmi les Sauvages. Beaucoup n'avaient que des bâtons. Il y en avait un qui avait comme arme un bois terminé par un gros bout arrondi, servant à écraser les pommes de terre. Les Sioux de la Prairie Ronde (Saskatoon)[3] n'étaient pas encore venus. Il en vint une partie avant Fish Creek et le reste avant Batoche[4].

Dans le petit vallon et les deux maisons, il y avait en tout vingt-cinq combattants environ, et ce ne furent guère que ceux-là qui prirent une part effective au court combat.

Ce fut pendant le combat du lac Canard que [Charles] Nolin prit la fuite. Il n'avait pas couru à l'ennemi quand on avait crié : « Voilà la police ! » Quand il entendit les coups de fusil, il devint fou de terreur. Il trouva sous sa main un petit poney blanchâtre appartenant à la fille de Bélanger et s'enfuit, comme l'on sait.

Depuis quelque temps déjà il tirait au renard[5]. Comme

---

[1] Ce sont les Métis anglophones de Prince-Albert qui insistèrent pour voir la lettre. Ils furent surpris de lire qu'on leur permettait de ramasser leurs morts. Finalement, Crozier demanda à William Drain et Thomas Jackson d'accomplir cette tâche.

[2] William Henry Jackson était le secrétaire de Riel. Son frère, Tom Eastwood Jackson, voulait absolument se rendre au lac aux Canards pour soulager William qui faisait une dépression nerveuse.

[3] Prairie Ronde se trouve en fait au sud de Saskatoon, près de Dundurn.

[4] Après la victoire des Métis au lac aux Canards, certains guerriers sioux de la réserve du chef Wahpahissco (Bonnet-Blanc en français, *White Cap* en anglais), située à Moose Hills prirent part aux combats de Batoche.

[5] Tirer au renard : essayer d'esquiver une tâche, des obligations ou des responsabilités.

c'était lui qui avait préparé la rébellion et toujours été une des têtes, quand il vit que cela tournait au tragique, il craignit pour sa sûreté et voulait s'esquiver. Un jour Gabriel voulait le faire fusiller. Il s'enfuit alors chez les pères de la mission de Saint-Laurent. Gabriel l'envoya chercher par trois hommes.

On revint à Batoche les jours suivants. Alors le conseil s'assembla dans la maison de George Fisher. Gabriel Dumont habitait dans la maison de [Xavier Letendre dit] Batoche, où il y avait seulement la mère et les enfants de Batoche. Eugène Boucher, commis et gendre de Batoche (depuis député), son frère Jean-Baptiste, Boyer et Fisher, étaient partis.

C'est alors qu'on rassembla toutes les familles à Batoche. On se nourrissait d'animaux que les Sioux et les Métis allaient voler au large, du côté des *settlements*[1] des Métis anglais. Car ceux-ci avaient fait cause commune avec les Métis français au début, mais depuis qu'ils avaient cessé de marcher avec eux, on les traitait en ennemis. On tuait aussi des animaux appartenant aux rebelles eux-mêmes.

Gabriel Dumont

RIEL, GABRIEL, ISIDORE DUMONT et le Sauvage [Asiyiwin] avaient été à cheval. Gabriel pense qu'Isidore fut tué à cheval (douteux). Le Sauvage fut tué à pied ; il avait laissé son petit poney en arrière. Gabriel, dans le trou, était à cinquante ou soixante verges du Sauvage et Isidore. On savait que la police était à Carlton ; mais on n'avait pas dessein de l'attaquer. Riel était venu au lac Canard seulement parce qu'il avait peur de rester seul à Batoche.

On apprit l'incendie du fort Carlton le lendemain matin.

Le frère de Jackson resta avec les Métis de son bon gré pour rester avec son frère. C'est lui qui soignait les blessés, avec le policier fait prisonnier à Duck Lake.

---

[1] *Settlements* : colonie ou établissement.

Hilaire Patenaude[1] avait hiverné près du fort Carlton. Il y restait encore au moment de la bataille. Ce fut lui qui éteignit une partie de l'incendie du fort.

Fish Creek

À L'ANNONCE de l'arrivée de [Frederick Dobson] Middleton[2], Riel voulait rester défendre Batoche. Mais Gabriel était d'avis d'aller rencontrer l'ennemi, parce que, disait-il, « Ceux qui sont déjà faibles et hésitants à l'avance, en entendant crier les femmes et les enfants, ne seront plus bons à rien ! » Cette fois Gabriel tint bon pour son avis et le 23 on partit pour aller rencontrer Middleton. On était environ cent cinquante, avec Riel et Gabriel ; on laissait Édouard Dumont à Batoche, pour garder les prisonniers.

On partit en suivant le grand chemin le long de la rivière, les uns à cheval, les autres à pied. Il y avait des Métis, des Cris et des Sioux.

De temps à autre, parfois très souvent, Riel faisait arrêter pour dire le chapelet.

À quatre milles en deçà de la coulée[3], à la place de Roger Goulet, on arrêta pour souper. Il était minuit. On tua deux animaux qu'on mangea. Comme on finissait, Emmanuel Champagne et Moïse Carrière arrivèrent, envoyés par Édouard qui demandait trente hommes de secours avec Riel ou Gabriel, à cause d'une troupe de police signalée sur le grand chemin de Qu'Appelle.

---

1 Le nom est orthographié « Patenôtre » dans le texte manuscrit.

2 Middleton quitta Qu'Appelle le 6 avril avec quatre cent sept hommes et cent deux charrettes chargées de provisions. Ils se reposèrent deux jours à Humboldt, puis ils avancèrent 50 kilomètres au sud de la traverse de Clarke.

3 Coulée : dans l'Ouest canadien, un petit ravin coupé par un cours d'eau qui n'existe plus, ou qui existe seulement durant la saison de fonte.

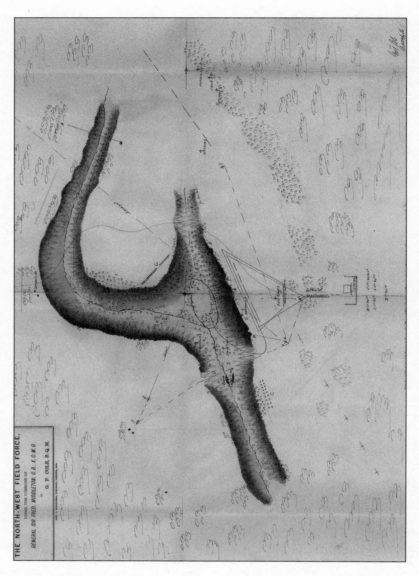

Plan de la bataille de Fish Creek du 24 avril 1885, dressé par George F. Cole, quartier-maître de la *North West Field Force*. Le plan, accompagné d'annonces publicitaires de marchands de Winnipeg, a été publié à Winnipeg par Robert D. Richardson. (Archives du Collège universitaire de Saint-Boniface)

Gabriel refusa de rebrousser chemin, quant à lui-même. Riel, qui ne demandait pas mieux, s'offrit. La plupart des combattants, de même, s'éloignaient à regret de Batoche où ils avaient, disaient-ils, leurs familles à protéger.

Riel demanda cinquante hommes pour revenir. Gabriel fit mettre tout le monde en rang et désigna ceux qui devaient retourner. Il resta avec cent hommes.

Ils continuèrent leur marche en avant. «Cette fois, dit Gabriel, on ne disait plus le chapelet, et on avançait plus vite.» On alla jusqu'à la place de MacIntosh; mais déjà il commençait à faire jour. Les Sioux dirent alors à Gabriel: «Il faut retourner, car on ne va pas attaquer le gouvernement pendant le jour; on ne serait pas en force.»

En effet, le plan de Gabriel était de surprendre le camp des ennemis pendant la nuit, de lâcher le feu de prairie sur eux et de profiter alors de leur confusion pour les massacrer. Et il est tout probable que si les Métis eussent trouvé cette nuit-là le camp anglais, peu des soldats de Middleton se fussent échappés vivants.

On décida alors de retourner et Gabriel résolut d'aller attendre l'ennemi à la coulée de Fish Creek. Ignace Poitras, dit Bétillet, qui avait un bon coureur, dit à Gabriel: «Prends mon cheval, pour aller t'assurer où ils sont.» Un des Tourond, qui avait aussi un bon cheval, le prête à Napoléon Nault. Ils vont ensemble en reconnaissance.

En partant, Gabriel recommande de ne pas passer sur le chemin afin de ne pas laisser de traces pouvant renseigner l'ennemi, mais de se tenir seulement sur la prairie. Mais ses gens tinrent peu compte de ses observations, paraît-il, et pendant son absence firent même du feu sur le chemin.

Quant à Gabriel et à Napoléon Nault, ils allèrent jusqu'à demi[1] du camp anglais. Gabriel cherchait à rencontrer un éclaireur et il était convenu que Nault se ferait poursuivre,

---

[1] À mi-chemin.

tandis que Gabriel se dissimulerait momentanément pour arriver ensuite par derrière sur l'ennemi, le tuer et lui prendre ses armes. Car c'était toujours là leur première préoccupation : se procurer des armes.

Mais ils parcoururent la prairie alentour du camp sans rencontrer d'éclaireurs isolés et ils revinrent rejoindre leurs gens à la coulée de Fish Creek. Il faisait petit jour alors. Les Tourond, dont c'était la place, donnèrent un animal qu'on mangea en *apola*[1].

Constamment, Gabriel envoyait des éclaireurs. Gilbert Breland vint avertir que l'ennemi était proche, comme on était en train de déjeuner. C'était une trentaine d'éclaireurs. Gabriel place ses gens dans le *bluff* et s'avance avec vingt cavaliers. Ses gens ont ordre de laisser la tête de l'ennemi descendre jusqu'au *creek*, à ce moment seulement de tirer dessus ; car ils seront alors tous déployés sur le chemin vis-à-vis du *bluff*. S'il y en a qui tentent de fuir en arrière, Gabriel et ses gens les rabattront et tous doivent mourir et fournir ainsi des armes.

Mais l'avant-garde ennemie aperçoit sur le chemin les traces des Métis et retournent à leur troupe.

Alors les Anglais cherchent l'ennemi en envoyant seulement des éclaireurs détachés. L'un d'eux s'avance jusqu'à la vue des Métis. « Laissons-le venir, dit Gabriel, et quand il sera assez près on va le courir. Que personne ne me passe pour me gêner ; ça ne vaut pas la peine de tirer un coup de fusil rien que pour un ; je veux l'assommer et lui prendre ses armes. »

Un groupe de Canadiens s'élancent sur l'éclaireur ; mais en partant, un cheval coupe celui de Gabriel et le retarde. Néanmoins il rejoint l'éclaireur ; il n'en est plus qu'à quinze verges quand ceux qui sont derrière lui crient : « Voilà la police ! » Gabriel tire alors deux coups sur le *policeman* qui

---

[1] Le manuscrit se lit « en apola », ce qui renvoie à l'expression « faire apala », prendre un repas le long de la route en prairie, ou cuire un repas sur le feu.

néanmoins ne tombe pas. On arrivait sur un petit *bluff* qui masquait l'ennemi à Gabriel.

Cependant, Gabriel aperçoit en effet les soldats anglais à travers les branches. Il arrête son cheval et fait volte-face au milieu des premières branches; puis il fuit dans la ligne du *bluff* afin de se masquer à l'ennemi le plus longtemps possible. Il rejoint les siens sans avoir essuyé un coup de feu.

Il descend de son cheval qu'il attache dans un *bluff*, et avec un petit Sauvage cri il s'en va, rampant de *bluff* en *bluff*, à la découverte de l'ennemi, pour en examiner le nombre. Ils arrivent au *bluff* où il a tiré tout à l'heure sur l'éclaireur. Il y retrouve son cheval sans cavalier qui est sans doute tombé parmi les branches. Au reste, ils ne s'attardent pas à le chercher; l'ennemi est proche encore. À la fois, Gabriel et le petit Sauvage déchargent leurs armes dans sa direction et s'aplatissent sur la terre.

Les Anglais, surpris, regardent tous autour sans savoir d'où partent les coups. Les deux rebelles tirent de nouveau, mais cette fois les Anglais voient la fumée et font une décharge.

Alors Gabriel et le jeune Sauvage se retirent. En arrivant à la coulée, ils rencontrent un Sioux qui leur dit que déjà un des leurs a été tué et que la plupart de la troupe métisse prend la fuite.

Gabriel voit Ignace Poitras qui emmenait un cheval. Il le lui prend et court pour arrêter les fuyards. Il les rejoint à un quart de mille et ramène huit Métis et sept Sioux qu'il installe avec lui dans la coulée, à un quart de mille à l'est du *bluff* où la première attaque a eu lieu et où quarante-cinq sont restés.

Les huit Métis, avec Gabriel Dumont, sont: Antoine Lafontaine, Pierre Sansregret, Édouard Dumont (fils d'un Métis assiniboine élevé par l'oncle de Gabriel), Jean-Baptiste Trottier, Wahpass (Charles) Trottier, le jeune [François] Ladouceur qui n'avait point d'armes, mais était le porte-étendard, lequel consistait en une image de la sainte Vierge, [et] deux petits Sauvages.

Les sept Sioux se battaient à une quinzaine de verges des neuf Métis.

Gabriel avait une carabine à quatorze coups. Les jeunes gens lui prêtèrent leurs fusils pour tirer. Puis, lorsqu'il n'eut plus que sept cartouches, il dit : « Nous allons lâcher le feu sur la police. »[1] Le vent portait justement sur l'ennemi. On lâcha le feu, et Gabriel, lui-même, a soin de le mettre sur une ligne droite en promenant une poignée de foin allumé de façon à ce qu'il arrive en ligne et soit plus difficile à éteindre. Et Gabriel dit à ses gens : « Vous allez foncer en criant. » Et ils marchaient derrière les flammes. « Je marchais toujours derrière la plus grosse fumée », dit Gabriel.

Quand on était à quarante verges de la police, le feu s'éteignit au bout d'un petit bois qui était humide. La police était en fuite. Tout en avançant, on trouva plusieurs morts et sans doute qu'il y avait un mort dans le courant au dessus, car l'eau du petit *creek*[2] était rouge, mais on ne trouva sur la place ni fusils, ni cartouches. Déjà le soleil était bas.

La troupe anglaise qui leur faisait face avait sans doute alors été se joindre à celle qui se battait avec les quarante-cinq. « Quand il fera nuit, dit Gabriel, on ira les tirer par derrière pour délivrer les quarante-cinq. » Il veut s'avancer immédiatement pour aller en reconnaissance ; mais les Sioux refusent de le suivre. Alors il va seul ; il avait toujours son cheval qu'il avait attaché dans le fond de la coulée. Il s'avance jusqu'au bord de la coulée où l'ennemi était caché, à quelque distance des quarante-cinq. On l'aperçoit, on tire sur lui, il s'enfuit et va rejoindre ses gens[3].

Ils vont à la maison de Calixte Tourond pour manger ; ils

---

[1] Dumont avait passé le début de la bataille à encourager ses hommes et à éviter les désertions. Afin d'éviter un encerclement, il décida de mettre le feu à la prairie. Mais les soldats l'éteignirent, aidés par la pluie qui avait commencé à tomber.

[2] *Creek* : mot anglais pour ruisseau.

[3] Dumont essaya de rejoindre le côté nord de la coulée où était le gros de ses hommes, mais il ne put le faire car ils étaient encerclés par les soldats.

trouvent dans la maison tout ce qu'il faut; ils tuent quelques poules et se rassasient.

Isidore Parenteau arrive avec un buggy et deux Sioux, et un demi-baril de poudre. Peu après, deux Sioux arrivent encore à cheval. Puis aussi Philippe Gariépy et Moïse Ouellette. On convient alors que, dès qu'il fera noir, on ira les tirer par derrière. Les deux Sioux vont en éclaireurs.

Édouard Dumont et Baptiste Boucher viennent à leur tour et disent que quatre-vingts cavaliers les suivent.

Tout cela arrive. Mais comme il a tombé de la neige une partie de la journée, les armes sont humides et on retourne chez Calixte Tourond pour les sécher. Ils veulent tirer pour mieux sécher les armes. Gabriel recommande bien de ne tirer que des petits coups. Néanmoins, il y en a deux qui semblent faire exprès de tirer de gros coups. On s'avance vers la coulée. Quand on est proche, Gabriel va seul en avant. Il va jusqu'à la coulée, à quelque distance du combat, y trouve deux chevaux de Métis dessellés; il les resselle et les ramène pour monter deux de ses gens. Puis il les fait tous éparpiller et foncer en criant. Gabriel descend juste à la maison de la vieille Tourond. Tous arrivent aux Métis sans essuyer un coup de fusil.

Les Anglais sont en fuite[1]. Le médecin a même abandonné toutes ses trousses et ses médicaments. On trouve même parmi [cela] deux bouteilles de brandy qu'on boit à sa santé.

On va faire du feu chez Mme Tourond et on y amène les blessés. Mais les Métis ne sont pas encore confiants dans la retraite des Anglais. Il faut que Gabriel Dumont, qui a la tête enflée de sa blessure et de la fatigue, les accompagne.

Riel était resté à Batoche; il passait le temps à faire dire le chapelet pour les combattants dont on entendait les coups de fusil. À la fin, Édouard Dumont dit: «Il faut qu'on aille les

---

[1] La bataille de l'Anse-aux-Poissons fut donc un revers pour Middleton qui voyait la mort de dix soldats et une soixantaine de blessés.

aider; dans notre famille, on n'a jamais écouté les coups de fusil sans bouger; j'ai là mes deux frères et je ne vais pas les laisser tuer sans y aller. »

Blessés : Challius (Charles Thomas), Charles Carrière (au bras), un petit Sauvage (à la main), [François] Boyer (à la poitrine, en est mort), Cardinal (à la nuque, en est mort), Pierre Tourond (à la cuisse).

Challius était à peine blessé au bras. On dit qu'il ne voulut jamais montrer sa blessure.

Retour à Batoche

RIEL AVAIT ENVOYÉ le soir plusieurs wagons à Fish Creek. Gabriel donne ordre aux gens à pied de retourner à Batoche de suite, mais il retient ceux à cheval qui devront escorter les voitures de blessés. Mais avant qu'il s'en aperçoive, quatre ou cinq cavaliers sont déjà partis.

Gabriel a la tête enflée de sa blessure et souffre. Ils sont dans la maison Tourond. Il dit : « Je voudrais bien m'en aller, mais il faut que vous autres, vous restiez avec les voitures. » On lui promet de rester et il part à cheval.

Après avoir fait un demi-mille, il rencontre petit Jean Dumont et André Letendre :

« Où allez-vous ?

— On s'en va.

— Mais je vous avais dit de rester. Vous voyez que je suis malade, mais si vous vous en allez, je vais retourner. »

Les autres alors retournent et Gabriel continue.

Un peu plus loin, il rejoint les quatre ou cinq qui ont déserté, parmi lesquels est Napoléon Nault. Gabriel leur reproche d'être parti. « Nous ne savions pas, disent-ils, nous sommes partis avant que tu dises cela [de rester]. » Et comme

il dit qu'il souffre beaucoup de sa tête qui suppure grande-
ment, Napoléon Nault déchire un morceau de son tapis de
selle et lui enveloppe la tête.

Ils partent et arrivent à Batoche dans la nuit. En arrivant,
il donne son cheval à quelqu'un pour le mettre à l'écurie et
s'apprête à se coucher chez [Xavier Letendre dit] Batoche.
Mais Riel le fait appeler pour lui faire son rapport.

Puis Gabriel ne put se coucher, car il y en avait qui
voulaient déserter.

Batoche

[LE] CAMPEMENT DES ANGLAIS [est] à la place de Gabriel[1]. Ils
brûlent sa maison et démolissent ses étables avec lesquelles
ils redoublent le [bateau à vapeur] *Northcote* pour le protéger
des balles. Les éclaireurs métis les voyaient faire. On suppose
donc que le *Northcote* va descendre la rivière pour les cerner.

Le samedi 9, ils arrivent à Batoche avant midi. Gabriel
avait placé des Métis sur la rive droite, en dessous du
cimetière, car le chenal de la rivière passe tout le long de la
grève, et Gabriel avait supporté[2] qu'il fallait que le *Northcote*
passe à bout portant ou bien qu'il s'éloigne vers l'autre rive
où l'eau est si peu profonde que le bateau y toucherait le
fond. Il avait aussi placé sur l'autre rive, un peu en aval, tous
les Métis qui étaient de l'autre côté, afin que le bateau, qui, à
la décharge de droite, fuirait sans doute en obliquant à
gauche, se trouve à nouveau à bout portant de la nouvelle
décharge[3].

---

[1] Le 7 mai 1885.

[2] Avait supporté : avait supposé, ou, avait supporté l'idée que.

[3] Le vapeur le *Northcote* avait quitté Swift Current le 23 avril accompagné par
deux barques. Il n'arriva à l'Anse-aux-Poissons que le 5 mai. Le bateau devait
néanmoins atteindre Batoche le 9 mai : alors que Middleton attaquerait par
terre vers 9 heures du matin, le *Northcote* devait créer une diversion. Le 9 mai,
le *Northcote* fut accosté à la traverse de Gabriel Dumont.

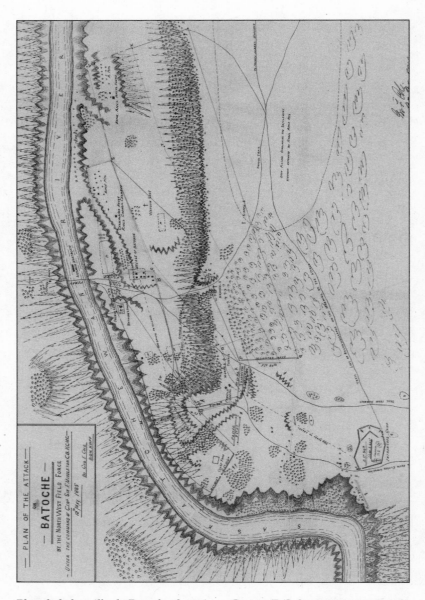

Plan de la bataille de Batoche dressé par George F. Cole, quartier-maître de la *North West Field Force*. Le plan, accompagné d'annonces publicitaires de marchands de Winnipeg, a été publié à Winnipeg. (Archives du Collège universitaire de Saint-Boniface)

Gabriel avait aussi donné l'ordre de baisser le câble, mais on pensa qu'il était assez bas et on ne le toucha pas.

Le *steamboat*[1] alla mettre à l'ancre un peu plus bas que chez Fayant[2].

Tandis que ceci se passait, les Anglais arrivaient chez [Jean] Caron. Ils essaient de tourner par la Belle Prairie[3].

Gabriel envoie Michel Dumas avec ses gens pour empêcher les Anglais de réparer la cheminée du *steamboat;* mais ils restent sur le haut des côtes et leur mission est inutile[4].

Pendant la première journée, les Anglais essaient de faire le tour par la Belle Prairie. Ils établissent une mitrailleuse de ce côté. Un moment, ils tirent sur Gabriel à cheval, distant d'un mille, mais les balles passent par dessus.

Ils se retirent à la nuit.

Des trous sont établis depuis les côtes, près du cimetière, jusque chez Emmanuel Champagne. Ils sont distants de soixante-quinze verges environ les uns des autres. Deux ou trois hommes dans chaque trou. Il y a environ une cinquantaine d'hommes occupant ces trous. Les autres hommes se cachent dans les petites branches. Il y a environ cent cinquante hommes de ce côté et cent sur l'autre rive.

---

[1] Le *steamboat* est un bateau à vapeur.

[2] Le nom est orthographié « Fagnan » dans le manuscrit.

[3] La Belle Prairie (ou Jolie Prairie) était située juste en haut et à l'est de Batoche, un peu en arrière du village, délimitée par les chemins de Saint-Laurent de Grandin, de Carlton et de Humboldt.

[4] À cause du feu soutenu des Métis des deux côtés de la rivière, le vapeur accéléra et arriva à Batoche plus tôt que prévu, et les assauts coordonnés de l'armée de terre et des forces navales du *Northcote* furent contrariés. De plus, les Métis n'avaient pas baissé assez bas le câble du bac qui traversait la rivière. Certes, le vapeur put se libérer, mais il perdit sa cheminée et sa sirène dont les sifflets devaient avertir Middleton de sa progression. Le feu se répandit sur le pont, et le vapeur dériva trois kilomètres plus bas, et malgré les ordres de l'officier de retourner au combat, l'équipage se mutina et refusa d'obéir aux ordres.

À la nuit, quelques Métis tirent sur les Anglais en train de manger, des écores[1] en face [de] l'ancienne forge.

Toute la nuit, on garde les trous. Quelques Sauvages tirent les Anglais.

Le deuxième jour, Middleton fait travailler à l'établissement des fortifications tout autour de son camp, pour y dormir tranquille[2].

Les Anglais commencent le feu après déjeuner. Ils sont maîtres de l'église et du cimetière; ils établissent une mitrailleuse sur la Petite Prairie, en haut de la descente du chemin qui va à Batoche, à gauche du chemin d'alors, maintenant abandonné, et à droite du chemin actuel.

Gabriel s'approche avec quelques gens en se traînant dans les petits trembles. Gabriel dit à ses gens : « Laissez-moi aller en avant, je vais m'approcher assez près pour le tirer dans la tête et être sûr de ne pas le manquer. Puis vous vous précipiterez, prendrez la mitrailleuse et la descendrez dans le chemin à toute vitesse. » Il s'était approché comme il voulait et s'apprêtait à tirer quand ses gens tirent de loin; l'artilleur est manqué, et un renfort lui arrive à l'instant[3].

Peu d'incidents pendant les trois premiers jours. Les Anglais ne peuvent forcer la ligne de défense. Au reste, ils ne semblent pas forcer beaucoup (le rapport dit qu'en effet Middleton a pour plan de faire épuiser les munitions des Métis, sans doute d'après l'avis du Père Végréville[4]).

---

[1] Écore ou accore : une berge ou une rive escarpée d'une rivière.

[2] Durant la première journée, la progression des hommes de Middleton fut limitée. La résistance acharnée des Métis l'obligea à rebrousser chemin. On construisit alors sur la ferme de Jean Caron un *zareba*, un camp fortifié, à 400 mètres de l'église du village.

[3] Nous savons que la première journée, le samedi 9 mai, les armées canadiennes atteignirent le sommet de la colline qui surplombait la plaine de Batoche et ils commencèrent à bombarder la maison où se tenait le Conseil métis. Les Métis faillirent s'emparer des canons mais le lieutenant A.L. Howard agit avec rapidité en déchargeant sans arrêt des rafales de la mitrailleuse Gatling.

[4] Le père Valentin Végréville et la plupart des prêtres oblats étaient opposés à

Pendant ces deux derniers jours, un Sioux, Joli Corbeau, a la jambe cassée au cimetière. Jean-Baptiste Boucher, père, est blessé à la fesse.

Daniel Gariépy a le poignet cassé et la poitrine percée par la même balle.

Chaque soir, les Anglais retournent dans leur camp. Et souvent, il y en a qui laissent par terre de petits tas de cartouches déposés au pied d'un arbre, au pied duquel ils étaient sans doute embusqués. On trouve aussi plusieurs fois des gargousses de mitrailleuses qui contenaient chacune quarante cartouches. Et ces dernières étaient précisément du calibre des carabines de chasse à douze coups qu'avaient plusieurs Métis.

On ramasse aussi les fusils des morts, si bien qu'à la fin, on en possède soixante ou soixante-dix.

Ce qui est plus grave, et ce que Gabriel Dumont m'a affirmé sans se douter de la gravité de ce qu'il disait, puisque je l'ai surpris en le lui révélant, c'est qu'on a aussi trouvé des balles explosives. Or, on sait qu'il est convenu entre les nations que les gros projectiles seuls peuvent être explosibles, leurs débris étant encore de grosseur assez forte pour mettre un homme hors de combat; au lieu que l'objet d'une balle explosible étant de faire une blessure atroce et mortelle est contraire au principe fondamental de la guerre, laquelle doit avoir pour but, non pas de tuer des soldats ennemis, mais de les mettre momentanément hors de combat. Or, une balle simple met son homme hors de combat, et sa blessure est guérissable, tandis que la blessure d'une balle explosible produisant un déchirement interne de chairs et d'os est toujours inguérissable. Les troupes gouvernementales ont commis là une grosse faute contre l'humanité et contre le droit des gens admis par les nations civilisées.

---

la rébellion des Métis, et ils donnèrent des renseignements qui aidèrent Middleton à consolider son plan d'attaque.

Quatrième journée[1]

JUSQUE VERS LES TROIS HEURES, les Anglais ne forcent pas plus que les autres jours. Le soleil était déjà bas quand ils ont pris la maison de [Xavier Letendre dit] Batoche. Ils forcent sur tous les côtés à la fois. Quand ils ont forcé la ligne des trous, ils s'avancent presque sans arrêt jusqu'aux maisons.

Gabriel dit qu'il n'était pas d'avis de faire des trous, parce qu'il savait ce qui arriverait, que les gens s'y sentant en sécurité complète y tiendraient jusqu'au bout et qu'alors ils n'en pourraient plus sortir sans être tués à bout portant.

C'est ce qui arriva. Les Anglais, s'avançant en gros bataillons, faisaient sans cesse pleuvoir les balles sur les trous d'où on les tirait, si bien que les Métis ne pouvaient même [pas] lever la tête pour voir et tirer aussi. Et quand les Anglais étaient si près qu'il n'y avait plus d'espoir, les Métis tâchaient de fuir, mais ils tombaient morts au même moment.

Après que les Anglais furent entrés dans la maison de [Xavier Letendre dit] Batoche, qui n'était pas occupée par les Métis du reste, Gabriel Dumont résista pendant une demi-heure dans le contrebas. Il était avec le vieux Joseph Vandal, Joseph Vandal, neveu du précédent, le vieux [Joseph] Ouellette, Pierre Sansregret, David Tourond et un petit Sioux.

Ils étaient en dessous de la maison de [Xavier Letendre dit] Batoche. C'est pendant ce temps que Daniel Ross est blessé de la maison [de] Batoche[2]. Il crie à Gabriel et au Sioux de venir et de le traîner hors du champ de bataille.

«Es-tu blessé à mort, ou as-tu encore de la vie? lui crie Gabriel.

— Oh! je n'ai plus de vie, lui répond Daniel Ross.

---

[1] Le 12 mai, Middleton mit en place un plan définitif. Les militaires canadiens, accompagnés d'une mitrailleuse Gatling et de canons, attaqueraient de l'est.

[2] Le capitaine French et ses hommes s'emparèrent de la maison de Xavier Letendre dit Batoche. Mais en ouvrant une fenêtre, le capitaine French fut tué par Donald Ross. Ce dernier fut abattu à son tour par un éclaireur canadien.

« — Alors, dit Gabriel, c'est bien de valeur d'aller se faire tuer. Ça ferait deux morts au lieu d'un. »

Daniel Ross était entre la maison de [Xavier Letendre dit] Batoche et le magasin de Fisher.

Les Anglais occupaient la maison de [Xavier Letendre dit] Batoche, mais il y avait aux fenêtres des rideaux rouges, en sorte qu'on ne pouvait les apercevoir. Cependant Gabriel tirait à travers les rideaux afin d'effrayer les Anglais de façon à ce qu'ils ne prennent pas leur temps pour tirer.

Ce fut alors que fut tué le capitaine [John] French. Il était dans la chambre qu'occupait Gabriel. Il ne fut pas tué net. Il se traîna dans la chambre jusqu'au passage et roula dans l'escalier, laissant partout des traces de sang. On le trouva au bas de l'escalier.

Joseph Vandal, le vieux, aussi fut blessé là. En même temps, il eut les deux bras cassés ; et un bras en deux endroits. Comme il était boiteux, il perdit l'équilibre et tomba en avant. Il cherchait vainement à se relever. Gabriel l'aida et lui dit :

« Va-t-en d'ici. Retire-toi.

— Non, dit Vandal, j'aime mieux maintenant qu'ils m'achèvent, puisque j'ai les deux bras cassés.

— Va, va dit Gabriel, il ne sera pas dit que je te laisserai ici en vie. »

Et il l'obligea à partir. Vandal passe le chemin qui descend à la traverse, et Gabriel et les siens continuent de se battre en dessous de la maison de [Xavier Letendre dit] Batoche.

Un peu après, ils passent aussi le chemin, car déjà les Anglais occupaient le magasin de Fisher. Ils combattent alors de la côte entre le magasin de Fisher et sa maison. C'est là que le vieux [Joseph] Ouellette est tué. Ils se trouvaient précisément au-dessus des tentes des femmes, que celles-ci avaient abandonnées. Dans la tente de la mère Tourond, Gabriel retrouve Joseph Vandal et l'oblige encore à fuir plus loin. Il s'en alla seul, les autres continuant à combattre, et on le retrouva mort, percé de coups de baïonnette, un quart de mille plus loin, vers la maison d'Emmanuel Champagne.

Il y avait aussi, près de la tente de la mère Tourond, dans un wagon, un petit Sioux blessé. Il avait une balle dans la poitrine. Il ne voulut pas s'en aller. « On le laissa, dit Gabriel, car il était toujours pour faire un mort ; il avait du sang dans la bouche. C'était le fils du Joli Corbeau, dont le père avait déjà été blessé. »

Après que le vieux [Joseph] Ouellette eut été tué, Gabriel et les siens redescendent près des tentes des femmes, afin d'y attendre les Anglais quand ils viendront. « C'était fini, évidemment, dit-il, mais c'était seulement pour ne pas laisser rentrer les Anglais à si bon marché. » Gabriel était avec Joseph Vandal, Pierre Sansregret, David Tourond ; et ils rencontrent là Philippe Gariépy, John Ross, Cuthbert[1], fils de John Ross, un jeune Métis anglais, fils de Tom Anderson, Hilaire Patenaude, Henry Smith.

La plupart voulait s'enfuir ; mais Gabriel les retient pour faire le dernier coup de feu. On tirailla encore sur les Anglais dans la demi-obscurité. Quand on n'eut plus de cartouches, on s'en alla.

On suivit le long de la rivière jusque chez Emmanuel Champagne. Là, Gabriel demanda à Hilaire Patenaude ce qu'il avait fait d'un demi-baril de poudre qu'il lui avait confié. L'autre l'avait laissé en deçà[2]. « Va le chercher », dit Gabriel ; mais Hilaire Patenaude n'ose pas. Alors Gabriel dit à Henry Smith : « Tu n'as pas peur, toi, vas le chercher. Il n'y a pas de danger, les Anglais ne sont pas encore là. »

Alors Henry Smith enlève ses souliers pour mieux courir, car il avait des souliers durs. Il confie aussi son fusil à John Ross. Gabriel l'attend auprès de ses souliers ; mais les autres

---

[1] Le nom est écrit « Carbatte » dans le texte d'origine.

[2] En deçà : tout près, pas loin.

s'en vont, John Ross aussi, en emportant le fusil de Henry Smith qui se trouve sans arme à son retour.

Il faisait nuit, il fallait manger. Gabriel se souvient que non loin, il y a des loges de Sioux qui ont fait boucaner[1] de la viande les jours derniers. Il y va et rapporte une brassée de viande sèche.

Puis il gagne en deçà de chez Édouard Dumont, où les femmes sont rassemblées. C'est là qu'il vit Riel pour la dernière fois et il l'entendit dire à Mme Riel : « Je crois que le bon Dieu veut que je meure. » Il donne la brassée de viande à sa femme en lui disant d'en donner aux autres. Il y avait là, entre autres, la femme de Riel et Riel lui-même. Ils sont tous pressés de fuir plus loin. Mais Gabriel veut aller chercher un cheval afin de pouvoir fuir s'il le faut. Il dit à sa femme : « Attends-moi là. » Il va à l'écurie d'Emmanuel Champagne où il savait qu'il y avait toujours des chevaux ; mais la police l'occupe déjà[2]. Il revient sans les tirer, quoiqu'il en ait fort envie ; mais il ne veut pas s'attarder, puisque sa femme l'attend.

Quand il revient près d'elle, elle était seule. Il la cache dans une île[3]. Il part alors prendre un étalon appartenant à Batoche, mais il criait, se cabrait, si bien qu'il veut en chercher un autre ; il l'attache dans un *bluff*. Il cherche un autre cheval ; il rencontre Henry Smith et le fils de John Ross ; ce dernier cherchait son père, et Henry Smith le cherchait aussi pour avoir son fusil qu'il avait emporté. Ceux-ci disent à Gabriel que non loin il y a les chevaux de Pierriche Parenteau, et il résout d'aller les chercher.

Gabriel a trouvé une chéllère[4]. Il l'emporte avec lui et Henry Smith tient l'étalon qu'ils ont été reprendre. Ils vont

---

[1] Boucaner : fumer ou sécher la viande pour la conserver.

[2] Le manuscrit dit « les occupe déjà ».

[3] Ici, île signifie un bouquet d'arbres isolé dans la prairie.

[4] Dans le manuscrit, nous trouvons l'orthographe suivante « chéière ». La chéllère signifie une chaudière.

ensemble à la maison de Daniel Gariépy, où habitait Maxime Lépine, le voisin plus loin qu'Édouard Dumont. On entre, on allume la lampe. Gabriel prend du thé, deux assiettes, deux pots, deux couteaux et deux fourchettes, et il s'en va retrouver sa femme.

Chemin faisant, il trouve une jument bichonne[1] qu'on avait prise à la police quelque temps auparavant. Arrivé près de sa femme, il attache l'étalon et la jument dans un *bluff*, loin l'un de l'autre. En entendant l'étalon, les chevaux de Pierriche Parenteau accourent au galop. Gabriel croit que c'est de la police. On est maintenant au milieu de la nuit. Gabriel va se cacher au coin du *bluff* avec sa carabine afin de descendre quelques *policemen* quand ils passeront. Mais il reconnaît que ce sont des chevaux libres et voit que ce sont ceux de Pierriche Parenteau. Il prend une jument et lâche l'étalon.

Il met alors sa femme sur l'une des juments, mais elle n'avait jamais été à cheval; il faut qu'il tienne son cheval par la corde. Il met sur l'autre jument un demi-sac de farine qu'il a emporté et marche en avant à pied en tenant les deux chevaux. Mais l'étalon suit les juments en menant le diable. À force de taper dessus à coups de bâtons, il finit par le renvoyer.

Ils allèrent camper à l'extrémité nord-est de la Belle Prairie; ils repartent au petit jour et vont dans du grand bois où ils déjeunent. Puis Gabriel y laisse sa femme cachée et s'en va à la recherche de Riel, à pied.

Il se dirige du côté des côtes, se cachant dans les petits *bluffs*. En arrivant, il voit un homme qui montait la côte en se cachant. Il reconnaît que c'est un Sioux. Il va vers lui sans que l'autre s'en aperçoive et quand il est très près, il lui parle en sioux. Le Sioux fait un bond de surprise.

---

[1] Dans son dictionnaire, Bergeron donne « sauvage » comme définition du mot « bichon ». Par contre, chez les Métis du Manitoba, bichon veut plutôt dire blond ou de couleur pâle.

Gabriel continue de chercher Riel[1]. Il ne cherche plus à se cacher ; il l'appelle tout haut. Jim Short lui répond du pan de la côte, mais n'ose monter jusqu'à la prairie. Gabriel va à lui. Jim Short lui dit qu'il a son cheval auprès, mais qu'il l'abandonne, parce qu'il ne pourrait pas se cacher avec.

« Je vais le prendre, moi, dit Gabriel.

— Prends-le !

— Mais as-tu sa corde ? »

Jim Short se l'était mise en ceinture autour du corps et la lui donne. Gabriel va prendre le cheval. Il continue d'appeler. Les trois petits Trottier lui répondent. Ils cherchaient leur mère. Il y avait plusieurs chevaux de Métis sur le chemin. « Prenez-les, dit Gabriel, car la police va toujours les prendre. »

Il retourne à sa femme avec le cheval de Jim Short et, là, il voit la piste de Métis en fuite. Ils la suivent. En arrivant près de chez Calixte Lafontaine, on trouve la femme d'Emmanuel Champagne en wagon. Elle leur dit qu'en effet, beaucoup de gens en fuite ont passé là. Ils continuent et trouvent la femme de Baptiste Parenteau, la sœur de Riel. Ils suivent toujours les pistes et rejoignent les fugitifs à dix milles de là, vers la butte à Montour. Il y avait dix femmes et quelques hommes, Élie Dumont, Pierre Laverdure, le fils de Pierre Sansregret.

Ils campent avec eux. Le lendemain, laissant une jument aux femmes et donnant l'autre à Alexandre Fageron[2], son fils adoptif, il va chez son père[3]. En chemin, il rencontre trois *policemen* escortés de quelques Sauvages. Il avait toujours sa carabine. Ils étaient à trois cents verges. Les Sauvages le reconnaissent et disent à la police qui il est ; mais ceux-ci le connaissent trop de réputation pour aller l'aborder en aussi faible nombre. Ils envoient seulement un Sauvage qui va à

---

[1] Il le chercha pendant trois jours pour l'empêcher de se rendre à Middleton.

[2] Dans le manuscrit, on lit « Fayan » ou « Fagerais », mais, selon Barkwell, le nom du fils adoptif de Dumont est Alexandre Fageron.

[3] Isidore Dumont, père, vivait à environ 5 kilomètres de Batoche.

Gabriel. Quand il est à portée de la voix, Gabriel lui ordonne de s'arrêter.

« As-tu peur de moi ? dit le Sauvage.

— Certainement, dit Gabriel, comment hier tu te battais contre la police et aujourd'hui tu l'aides à me chercher ?

— Tu n'as pas besoin d'avoir peur de moi, dit le Sauvage.

— N'approche pas, répond Gabriel, je ne me fie pas à toi. »

Les *policemen* restent toujours à distance ; ils n'osèrent approcher, car ils savaient que Gabriel ne voulait pas se laisser prendre vivant. Il dit au Sauvage : « Moi je n'ai pas déposé les armes. Je suis toujours combattant, et le premier qui m'approche, je le tue. » Le Sauvage rejoignit la police et ils s'en allèrent, sans doute pour revenir plus nombreux, mais ils ne retrouvèrent pas Gabriel.

Il continue pour aller chez son père. Il trouve Jean-Baptiste Parenteau qui lui donne son meilleur cheval afin qu'il puisse se sauver avec.

Chez son père, il trouve Moïse Ouellette qui était porteur de la lettre pour Riel et les autres. Il fit la commission à Gabriel.

« Sais-tu ce qu'il y a dans la lettre ? Te l'ont-ils lue en te la donnant ? dit Gabriel.

— Oui, ils te promettent justice, si tu te rends avec Riel, dit Moïse.

— Ah ! bien, moi je ne me rends pas. Et puis je cherche aussi après Riel, mais ce n'est pas pour le faire rendre, c'est pour l'emmener. Et si je le trouve avant toi, je l'emmènerai de force, je ne le laisserai pas se rendre. »

Mais Moïse le rencontra le premier[1]. Gabriel ne le revit pas.

---

[1] Moïse Ouellette avoua à Gabriel Dumont qu'il avait déjà remis cette lettre à Riel et que ce dernier s'était déjà livré aux forces canadiennes.

Bataille de Batoche (2ᵉ ou 3ᵉ jour)[1]

LA MITRAILLEUSE [est] placée sur la petite butte en avant de la prairie de l'église, entre le vieux et le nouveau chemin.

Gabriel veut aller tuer le canonnier. Il dit à ses hommes « Laissez-moi l'approcher. Je veux le tirer dans la tête et puis vous vous précipiterez et descendrez la mitrailleuse à toute vitesse. » Mais ses hommes qui sont en arrière tirent auparavant deux ou trois coups sur le canonnier, sans le toucher. Immédiatement celui-ci tourne sa mitrailleuse dans la direction d'où partaient les coups de feu. Les branches étaient fauchées tout autour de Gabriel et les siens qui s'enfuient en rampant parmi les petites branches, sans être atteints.

Quand Gabriel était à New York, engagé chez Buffalo Bill, un homme sachant qu'il était là, le demanda et lui dit : « J'ai fait autrefois la guerre contre vous. J'étais le canonnier qui tirait la mitrailleuse en avant de l'église. Mais c'est passé, vous ne m'en voulez pas. Du reste, ajouta-t-il, je n'ai jamais tiré sur vous, j'envoyai les coups en l'air, seulement pour vous faire peur.

— Oh non, je ne vous en veux pas puisque vous étiez engagé pour cela. Mais j'ai bien essayé de vous tirer et de vous envoyer une balle dans la tête. Quant à tirer par dessus nous pour nous faire peur, là vous mentez (il lui raconta l'histoire) et, dit-il, la terre me volait dans les yeux et tout autour de moi, les petites branches étaient coupées. » Cet homme était un Américain du Montana, et Gabriel, étant au Montana pendant la guerre de Transvaal[2], apprit qu'il y était aussi engagé et qu'il venait de s'y faire tuer.

---

[1] Le dimanche 10 et le lundi 11 mai 1885.

[2] En 1877, la Grande-Bretagne avait tenté, sans succès, d'annexer la République du Transvaal fondée par les Afrikaners (Boers), les descendants de calvinistes hollandais et de huguenots français qui s'étaient établis en Afrique du Sud à la fin du 17ᵉ siècle. Les hostilités entre les Afrikaners et les Anglais prirent fin en 1902.

Après Batoche

Le Père André[1] dit aux *policemen* : « Vous cherchez Gabriel ? Ah ! Vous perdez bien votre temps. Il n'y a pas un brin d'herbe de la prairie qu'il ne connaisse ! »

Gabriel ne voulait pas se rendre. Il demanda à ceux qui se rendaient de lui donner leurs cartouches. En sorte qu'il se trouva muni de quatre-vingts cartouches de carabines et de quarante cartouches de revolver. C'était celui du shérif, qu'il avait repris à [Albert] Monkman, auquel il l'avait donné d'abord.

Gabriel Dumont voulait emmener Riel aussi de l'autre côté des lignes. Il le chercha pendant quatre jours. Une fois, il l'appelait dans un *bluff*, pensant qu'il devait être par là. Précisément, il y était avec les femmes et Nicolas Fayant. Ceux-ci reconnurent la voix de Gabriel ; mais Riel craignait que ce ne fût un piège des Anglais et on ne répondit pas.

Moïse Ouellette reçut de Middleton une lettre pour Riel et Gabriel Dumont, les invitant à se rendre et leur promettant justice. Moïse Ouellette trouva Gabriel ; mais celui-ci déclara ne pas vouloir se rendre. Et comme Ouellette demandait où était Riel, Gabriel lui dit : « Moi aussi je le cherche, mais c'est pour l'emmener. »

Le quatrième jour au soir, Gabriel rencontra encore Ouellette. Celui-ci avait perdu son cheval, et il demanda le sien à Gabriel. « Ah bien ! Tu plaisantes, dit Gabriel, te prêter mon cheval, à toi qui travailles pour le gouvernement. »

---

[1] Le père Alexis André (1833-1893), missionnaire Oblat de Marie-Immaculée originaire du Finistère (France), est arrivé à la Rivière-Rouge en 1861. De 1861 à 1864, il est chargé de la mission américaine Saint-Joseph de Pembina et est nommé en 1863 le délégué officiel de l'armée américaine comme agent de paix auprès des Sioux. De 1871 à 1883, il œuvre dans les établissements métis de la rivière Saskatchewan-Sud, où il fonde les missions de Saint-Laurent-de-Grandin, Duck Lake et Carlton, ainsi que celles de Batoche, Lac-Maskeg et Saint-Louis-de-Langevin. Il est directeur de la maison Prince-Albert de 1883 à 1886, puis de la maison de Calgary jusqu'à son décès en 1893. Il assista Louis Riel à l'échafaud en 1885.

Tout de même, il lui indiqua des familles qui étaient campées près de Bellevue et où il pourrait sans doute avoir un cheval.

Le quatrième jour, Riel se rendit. Gabriel l'apprit et résolut alors de partir seul.

Il avait campé cette nuit avec Jean Dumont. Le soir, il leur dit adieu et les quitte. Comme il s'éloignait, on le rappelle. C'était Michel Dumas qui voulait partir avec lui. Il se repentit ensuite, dit-il, d'être parti avec lui, puisque Michel Dumas buvait avec l'argent qu'on leur donnait en secours en Amérique, ce qui leur aliénait les sympathies.

Pendant les quatre jours qu'il avait passés autour de Batoche, il n'avait jamais été plus loin que Bellevue, c'est-à-dire à huit ou dix milles. Cependant, la plaine était constamment battue par des patrouilles ennemies à sa recherche. Mais lui venait camper à Batoche même chaque soir, et le lendemain, dès le jour, il guettait le départ des patrouilles et il partait sur leurs derrières, marchant toute la journée à leur suite. De temps en temps, il se dissimulait dans un *bluff* pour attendre qu'ils fussent hors de vue, puis il allait, connaissant le pays comme sa poche, sachant où il fallait s'arrêter pour ne pas risquer de se mettre en vue, faisant une promenade derrière ceux qui le cherchaient. Du reste, il était bien décidé, le cas échéant, à ne pas se laisser prendre vivant : « Ils ne me prendront pas avec leurs mains », disait-il. Il comptait sur sa carabine, sur son cheval, sur son adresse et son sang-froid surprenants.

On pense que Riel se rendit afin de sauver la vie à ceux qui étaient compromis, en offrant la sienne à la place. Car il pensait qu'on se contenterait de sa tête.

Pendant ces quelques jours, il disait un jour à sa femme : « Oh ! Ma pauvre Marguerite, je crois bien que le bon Dieu veut que je meure. »

Il avait aussi dit auparavant : « Si ça tourne mal et que les premiers se sauvent, il y en aura beaucoup de la suite qui seront pendus.»

En prison, il dit: «Pour moi, je sais que je serai pardonné par Dieu, mais non par les hommes; Gabriel, lui, sera pardonné par Dieu et par les hommes.»

Une autre fois, en prison, il était parvenu à enlever un nœud qui se trouvait dans le bois de la porte. Comme Joseph Delorme passait pour aller aux cabinets d'aisance, il lui dit: «Quand tu repasseras, va tranquillement sans regarder de mon côté et je te parlerai.»

Et alors il lui demanda: «Sais-tu où est M. Dumont?

— On dit qu'il a traversé les lignes.

— C'est bon, dit Riel alors. Pour vous tous, vous allez vivre, mais non pas moi. Vous pourrez vous fier sur M. Dumont; il va voyager partout et il sera partout bien reçu; il vous rendra des services. Moi, je vais mourir, mais lui, il va vivre bien vieux.»

Joseph Delorme (maintenant au lac Dauphin) eut les deux testicules emportés à la bataille de Batoche. La balle avait aussi traversé la cuisse. Il fut relevé par les Anglais et soigné. Il y avait un trou béant de chaque côté de l'ouverture de la blessure. Pour le fermer, on prit de la chair sur la fesse, pour pratiquer l'opération de la greffe. On voulait l'endormir. Il ne voulut pas. Et il riait pendant l'opération, pour montrer qu'il n'avait pas peur.

Reddition de Gabriel Dumont et Michel Dumas à la police américaine

EN·ARRIVANT AU FORT ASSINIBOINE, ils vont immédiatement se remettre aux mains des autorités[1]. On les remet entre les mains d'un sergent qui les prie de le suivre. Ils traversent un couloir et [il] ouvre une porte qui [est] celle de la prison ; il les fait entrer et les enferme. « Ah, bien, s'écrie Gabriel, cette fois, je me vais trouver bien ; au moins cette fois-ci, on ne va plus coucher dehors ! » Puis, à peine quelques instants s'écoulent, et le sergent revient en hâte, ouvre la porte et les prie de sortir en s'excusant ; car, dit-il, il a fait une erreur, il a mal compris, ce n'est pas là qu'on lui avait dit de les conduire, mais dans la grande salle.

C'est là qu'il les amène alors. Un officier les y attendait, qui leur fait à nouveau ses excuses.

Et on les conduit ensuite à l'officier supérieur du fort qui parle français[2]. Celui-ci leur dit qu'il va télégraphier à leur sujet au gouvernement ; que d'ici là, ils resteront au fort où ils seront bien traités. La réponse de les remettre en liberté fut reçue le troisième jour après, à deux heures du soir[3].

---

[1] Les autorités américaines avaient été informées par télégraphe.

[2] Il s'agissait d'Alfred Howe Terry, major-général de l'armée des États-Unis. Cependant, un Canadien, le sergent Prévost, tenta de tuer Dumont mais les soldats américains l'en empêchèrent. Les militaires organisèrent même une réception pour les fugitifs.

[3] Le président Cleveland donna l'ordre de les relâcher. Madeleine Dumont les rejoignit à Lewistown. Elle annonça la mort d'Isidore Dumont, et elle mourut elle-même quelques semaines plus tard à Great Falls.

Après Batoche

À LA FIN, on avait environ soixante-dix fusils pris aux Anglais.

Un Français, Paul Schley[1], va au camp et, en parlant à un officier anglais, lui dit : « Savez-vous ce que vous avez tué avec votre mitrailleuse ?

— Non.

— Eh bien je le sais moi.

— Combien, dites, je serais content de le savoir.

— Eh bien vous avez tué un.

— Ah ! dit l'officier. Ce n'est pas possible.

— Si, et c'est ma chienne. »

L'officier était furieux, croyant que l'autre voulait se moquer de lui et il était près de lui donner des coups.

Riel

QUAND IL ENTENDAIT SACRER[2], il disait : « Demandez vite pardon à Dieu. » Un jour qu'il disait cela à un Métis, celui-ci lui répond :

« Ah bien ! Je ne fais pas attention.

— Ça ne fait rien, dit Riel, vous offensez tout de même le bon Dieu ! Vous comprenez, Il vous entend et ça Lui fait de la peine. Il est bon, et Il vous aime, alors Il ne faut pas Lui faire de peine. Allons demandez-Lui pardon mon ami !

— Ah ! Sacré nom de nom ! Pardon ! » fait l'autre impatienté.

Et Riel s'en fut, découragé d'empêcher ses gens de sacrer.

Riel disait ne pas aimer les prêtres parce que ceux-ci ne suivaient pas la loi de Dieu. « Vous voulez faire écarter le monde pour faire de l'argent », disait-il.

---

[1] « Chelet » dans le texte manuscrit.

[2] Sacrer : jurer ou blasphémer.

Arrestation de Monkman
(après la bataille de Duck Lake)[1]

RIEL DIT UN JOUR: «J'ai rêvé qu'il y en avait un qui voulait nous trigauder[2] (trahir); et on m'a dit, dans mon rêve, que celui-là était dans un petit trompeur. Et alors ce doit être [Albert] Monkman, parce que, si tu te souviens, le jour qu'on a envoyé en reconnaissance de l'autre côté de la traverse, du côté du lac Canard, il n'y avait rien que lui qui était en trompeur. Va donc, dit-il à Gabriel Dumont, rassemble-les tous; je sais qu'il y en a deux qui se sont fait inviter à nous trahir; demande qui ils sont et par qui ils se sont fait inviter.»

Gabriel va rassembler le monde et demande: «Il y en a deux parmi vous qui se sont fait inviter à nous trigauder. Qui est-ce qui vous a parlé comme ça?»

Mais tout le monde nie avoir entendu ces invitations. Néanmoins, pour Riel, Monkman était coupable. On l'arrêta et on l'enferma avec les autres prisonniers, au premier étage de la maison de [Jean-Baptiste] Boyer, contiguë à son *store*.

Les autres prisonniers étaient libres dans la pièce. Mais Monkman était attaché à la jambe par une chaîne de fer, passée dans la planche et attachée au soliveau en dessous.

Quand on voulut arrêter Monkman, il fit mine de se défendre. Il menaçait de se servir de son revolver. Alors Gabriel se jeta devant les gens qui étaient chargés de l'arrêter et saisissant lui-même son pistolet, il cria: «Monkman si tu fais un mouvement, je te tue!» Monkman, terrifié, se laissa prendre. Alors Gabriel le désarma et reprit le revolver qu'il lui avait lui-même donné.

---

[1] Albert Monkman fut arrêté après le combat de l'Anse-aux-Poissons et non après l'escarmouche du lac aux Canards.

[2] Trigauder: tromper ou trahir.

Entre Duck Lake et Fish Creek

UN JOUR, Riel dit dans l'église, à une assemblée : « On va tuer les prisonniers anglais. » Il y eut un homme debout qui faiblit à ces paroles et se laissa tomber.

Une fois aussi Antoine Vandal avait presque perdu la tête et il disait à Gabriel Dumont : « Cousin, ne m'ôtez pas la vie », en le suppliant et s'accrochant après lui.

Entre Fish Creek et Batoche

C'ÉTAIT LA VIEILLE BATOCHE[1] et la femme de Gabriel qui soignaient les blessés.

Une fois par jour Riel envoyait aussi Jackson et les *policemen* faits prisonniers à Duck Lake pour les soigner[2]. Quand les Sauvages les voyaient passer dehors, ils voulaient les écharper et Gabriel avait toutes les peines à les retenir.

[Alexandre] Cardinal mourut, en perdant la raison avant de mourir. Sous sa paillasse, la Vieille Batoche trouva un fragment d'os qui venait de sa nuque fracassée. Alors on accusa les prisonniers anglais d'avoir hâté la fin du blessé. De ce jour, Gabriel signifia à Riel qu'il ne répondait plus de la vie des prisonniers anglais s'il les lâchait encore pour aller soigner les blessés.

C'était un Sioux qui réparait les fusils à Batoche et il était très adroit.

James Swain fabriquait des balles avec le plomb des caisses de thé.

---

[1] La Vieille Batoche était l'épouse de Xavier Letendre dit Batoche.
[2] Les soigner : soigner les blessés.

Généralités

LES CAPITAINES ÉTAIENT : William Boyer, Isidore Dumont, Augustin Laframboise, Calixte Lafontaine, Isidore Dumas. On laissa dans les *stores* la plupart des marchandises, et on les y faisait garder.

Duck Lake

NOLIN S'ENFUIT en trompeur appartenant à la femme de son beau-frère Athanase Lépine.

Quelques années après, Nolin, rencontrant Gabriel, lui dit : « C'est encore moi ton meilleur ami. Si je me suis sauvé, c'est que j'avais trop peur. » Il ne lui en veut pas d'avoir voulu le faire fusiller quand il s'était enfui à Saint-Laurent. Il reconnaît que Gabriel était juste pour tous.

En 1903, Gabriel me dit même que Nolin lui a fait dire qu'il vienne chez lui, y rester tant qu'il voudrait, jusqu'à sa mort s'il voulait.

Pendant Batoche, la femme et [la] famille Nolin sont chez le Père Moulin.

BIBLIOGRAPHIE

ASFAR, Dan et CHODAN, Tim, *Gabriel Dumont: War Leader of the Métis*, Edmonton: Folklore Publishing, 2003.

BARKWELL, Lawrence J., *Batoche 1885: The Militia of the Metis Liberation Movement*, Winnipeg: Manitoba Metis Federation, 2005.

BEAL, Bob et MACLEOD, Rod, *Prairie Fire: The 1885 North-West Rebellion*, Edmonton: Hurtig Publishers, 1984.

BÉLISLE, Louis-Alexandre, *Dictionnaire nord-américain de la langue française*, Montréal: Beauchemin, 1979.

BERGERON, Léandre, *Dictionnaire de la langue québécoise*, Montréal: VLB Éditeur, 1980.

BROWN, Jennifer S. H. et PETERSON, Jacqueline (dir.), *The New Peoples: Being and Becoming Métis in North America*, Winnipeg: University of Manitoba Press, 1985.

BUMSTED, J. M., *Louis Riel c. Canada: les années rebelles*, traduit par Marie-Hélène Duval, Saint-Boniface: Éditions des Plaines, 2005.

CARRIÈRE, Gaston *et al.*, *Dictionnaire biographique des Oblats de Marie-Immaculée du Canada*, Ottawa: Éditions de l'Université d'Ottawa, 1976-2005, 5 vol.

CHARLEBOIS, Pierre Alfred [Peter], *La Vie de Louis Riel*, traduit par Pierre DesRuisseaux et François Lanctôt, Montréal: VLB Éditeur, 1991.

COMBET, Denis, « Les *Mémoires dictés par Gabriel Dumont* et le *Récit [de] Gabriel Dumont* », *Cahiers franco-canadien de l'Ouest*, vol. 14, nos 1 et 2, 2002, p. 105-156.

COOK, Ramsay et BÉLANGER, Rhéal, *Dictionnaire biographique du Canada en ligne* (http://www.biographi.ca/FR/index.html), Toronto: University of Toronto Press et Québec: Presses de l'Université Laval.

DIONNE, Narcisse-Eutrope, *Le Parler populaire des Canadiens français* (« Reproduction de l'édition originale de 1909 »), Québec: Presses de l'Université Laval, 1974.

DUMONT, Gabriel, *Gabriel Dumont Speaks*, traduit par Michael Barnholden, Vancouver: Talon Books, 1993.

FLANAGAN, Thomas, *Louis 'David' Riel: Prophet of the New World*, Toronto: University of Toronto Press, 1979.

GABOURY-DIALLO, Lise, «"Batoche" selon Gabriel Dumont: une étude de l'historicité de ses mémoires», dans André Fauchon (dir.), *L'Ouest: directions, dimensions et destinations, Les actes du vingtième colloque du Centre d'études franco-canadiennes de l'Ouest tenu au Collège universitaire de Saint-Boniface du 15 au 18 octobre 2003*, Winnipeg: Presses universitaires de Saint-Boniface, 2005, p. 99-114.

GIRAUD, Marcel, *Le Métis canadien: son rôle dans l'histoire des provinces de l'Ouest*, Saint-Boniface: Éditions du Blé, 2 vol., 1984.

HILDEBRANDT, Walter, *La Bataille de Batoche: une petite guerre britannique contre des Métis retrancheés*, Ottawa: Environnement Canada et Service canadien des parcs, coll. «Études en archéologie, architecture et histoire», 1985

IMPS, Paul (dir.), *Trésor de la langue française: Dictionnaire de la langue française du XIXe et du XXe siècle (1789-1960)*, Paris: Éditions du Centre national de la recherche scientifique, 1991-1994, 16 vol.

MIDDLETON, Frederick Dobson, *Suppression of the Rebellion in the North West Territories of Canada, 1885*, Toronto: G. H. Needler, coll. «University of Toronto. Studies. History and Economics; v. 12», 1948.

OLIVER, Annie, *Le Biographique*, Paris: Hatier, coll. «Profil: Histoire littéraire», 2001.

OPPEN, William A. (dir.), *Le Récit cartographique des affaires Riel*, Toronto: University of Toronto Press, (en collaboration avec les Archives Publiques du Canada et du Centre d'édition du gouvernement), 1979.

OUIMET, Adolphe et MONTIGNY, Benjamin A. Testard de, *La Vérité sur la question métisse au Nord-Ouest, par Adolphe Ouimet, Biographie et récit de Gabriel Dumont sur les événements de 1885*, par B. A. T de Montigny, Montréal, s. n., 1889.

PAYMENT, Diane, *Batoche (1870-1910)*, Saint-Boniface: Éditions du Blé, 1983.

PAYMENT, Diane, «Review of Michael Barnholden, *Gabriel Dumont Speaks*», *Manitoba History*, Number 26, Autumn 1993, p. 45-46.

PAYMENT, Diane Paulette, «*Les gens libres — Otipemisiwak*», *Batoche, Saskatchewan, 1870-1930*, Ottawa : Lieux et parcs historiques nationaux, Service des parcs, coll. «Études en archéologie, architecture et histoire», 1990.

RODRIGUEZ, Liliane, *Mots d'hier, mots d'aujourd'hui*, Saint-Boniface : Éditions des Plaines, 1984.

ROSS, Alexander, *The Red River Settlement: Its Rise, Progress, and Present State*, Smith, Elder and Co., 1856.

SIGGINS, Maggie, *Riel: A Life of Revolution*, Toronto : Harper Collins Publishers Ltd, 1994.

STANLEY, George F. G, «Gabriel Dumont's Account of the North West Rebellion, 1885», *The Canadian Historical Review*, Vol. XXX, September, 1949, p. 249-269.

STONECHILD, Blair et WAISER, Bill, *Loyal Till Death: Indians and the North-West Rebellion*, Calgary : Fifth House, 1997.

TRÉMAUDAN, Auguste Henri de, *Histoire de la nation métisse dans l'Ouest canadien*, Montréal : Albert Lévesque, 1935.

VENNAT, Pierre et LITALIEN, Michel, *Carabiniers et voltigeurs contre Louis Riel : histoire militaire et politique méconnue*, Montréal : Éditions du Méridien, 2003.

VERMETTE, Auguste, *Au temps de la Prairie : l'histoire des Métis de l'Ouest canadien racontée par Auguste Vermette, neveu de Louis Riel*, témoignages recueillis, édités et annotés par Marcien Ferland, Saint-Boniface : Éditions du Blé, 2000.

WOODCOCK, George, *Gabriel Dumont: le chef Métis et sa patrie perdue*, traduit par Pierre DesRuisseaux et François Lanctôt, Montréal : VLB Éditeur, 1986.

INDEX

Ouellette, [Joseph] le vieux, 92, 93, 94

Ouellette, Moïse, 15, 51, 55, 85, 91, 98, 100, 101

Ouimet, [...], fils, 43

P

Parenteau, Baptiste, 75

Parenteau, Isidore, 85

Parenteau, Jean-Baptiste, 98

Parenteau, Mme Baptiste, 97

Parenteau, Pierre, 18, 75

Parenteau, Pierriche, 95

Paris (France), 42, 43

Patenaude, Hilaire, 79, 94

Patenôtre, Hilaire, voir Patenaude, Hilaire

Payment, Diane, 23

Pays-d'en-Haut, 9

Peigans (Amérindiens), 35

Pembina (Dakota du Nord), 100

Père Caribou, voir Moulin, Julien, o.m.i.

Peters, James, 64

Petit-Barbet (chef amérindien), voir Kàmiyistowesit, chef Cri

Petite Prairie, 90

Petite-Ville, 13

Pied-Noir (Amérindien), 35, 36, 37

Pieds-Noirs (Amérindiens), 35

Pieds-Noirs, Nation des, 35, 39

Pikunis, voir Peigans (Amérindiens)

Poitras, Ignace dit Bétillet, 81, 83

Poitras, Ignace, 75

Poitras, Ignace, fils, 75

Police à cheval du Nord-Ouest, 14, 15, 18, 49, 56, 57, 61, 63, 65, 66, 67, 68, 70, 71, 72, 75, 76, 77, 78, 79, 82, 84, 95, 96, 97, 98

Poundmaker, 75

Prairie Ronde (Saskatoon), 77

Prévost, sergent, 103

Prince-Albert (Saskatchewan), 17, 18, 50, 51, 63, 67, 76, 77, 100

Prince-Albert, journal, 55

Q

Qu'Appelle (Saskatchewan), 56, 79

Qu'Appelle, rivière, 50

Québec, 35

R

Rébellion de 1870, voir Résistance de 1870

Red Deer, rivière, 39

Red River Settlement, The (livre), 9

Regina (Saskatchewan), 51, 56, 75

Résistance de la Rivière-Rouge (1869-1870), 14, 15, 33, 42, 50, 51, 55

Riel, Jean-Louis, 53

Riel, Louis, 12, 14, 15, 17, 18, 19, 21, 25, 33, 46, 47, 50, 51, 52, 53, 54, 55, 56, 57, 58, 59, 60, 61, 63, 65, 71, 73, 76, 77, 78, 79, 81, 85, 86, 87, 95, 96, 97, 98, 99, 100, 101, 102, 104, 105, 106

Riel, Marguerite (née Monet dit Bellehumeur), 17, 53, 95, 101, 102

Riel, Marie-Angélique, 53

Rivière-Rouge, colonie de la, 9, 11, 12, 15, 45, 54, 100

Robertson, Donald, 29

Robinson, Christopher, 75

Rocheleau, Baptiste, 51

Rocheuses, montagnes, 35

Ross, Alexander, 9

Ross, Carbatte, voir Ross, Cuthbert

– 118 –

MEMOIRS

GABRIEL DUMONT:

Taylor
Maps
118 X 52

GABRIEL DUMONT:
MEMOIRS

The *Memoirs as dictated by Gabriel Dumont*
and *Gabriel Dumont's Story*

Edited and annotated by DENIS COMBET

Translated by LISE GABOURY-DIALLO

LES ÉDITIONS DU BLÉ
Saint-Boniface (Manitoba)

We gratefully acknowledge the financial support provided
for our publishing program by the Canada Council for the Arts
and the Manitoba Arts Council.
We also gratefully acknowledge the support provided
by the Winnipeg Foundation for the distribution of this work.

Cover Design: Bernard Léveillé, Rinella Printers
Cover Art: Photo of Gabriel Dumont (Glenbow Archives – NA-1177-1)
      The Battle of Fish Creek, 1885, coloured lithograph
      (Library and Archives Canada, C-002425)
Inside pages Design: Lucien Chaput
Printing: Hignell Book Printing, Winnipeg

Les Éditions du Blé
Saint-Boniface (Manitoba)
http://ble.recf.ca

Distributor:
    Diffusion Prologue inc., Boisbriand (Québec)

Library and Archives Canada Cataloguing in Publication

Dumont, Gabriel, 1837-1906.

    Gabriel Dumont: memoirs: the memoirs as dictated by Gabriel Dumont
and Gabriel Dumont's story / edited and annotated by Denis Combet.

Text in English and in French.
Title on added t.p., inverted: Gabriel Dumont, mémoires.
Translated by Lise Gaboury-Diallo.
ISBN 2-921347-91-1

    1. Dumont, Gabriel, 1837-1906. 2. Riel Rebellion, 1885--Personal
narratives. 3. Métis--Canada, Western--Biography. I. Combet, Denis P.
(Denis Paul), 1955- II. Gaboury-Diallo, Lise, 1957- III. Title.
IV. Title: Récit Gabriel Dumont.

FC3217.1.D84A3 2006   971.05'4092   C2006-904448-1E

Contents

PREFACE

Born in 1837, in Saint-Boniface (Manitoba) Gabriel Dumont died from a heart attack in Bellevue (Saskatchewan) May 19th 1906. At the time he was living on his nephew Alexis Dumont's property. Father Moulin buried him at Batoche where twenty years earlier he had fought with courage, at Louis Riel's side and with his people, to defend Métis territories around the South Saskatchewan River against General Middleton's Canadian forces. The publication of the *Mémoires dictés par Gabriel Dumont / Memoirs as dictated by Gabriel Dumont* and the *Récit Gabriel Dumont / Gabriel Dumont's Story* coincides with the presentation of the Gabriel Dumont Conference: Métis history and identiy (*Collège universitaire de Saint-Boniface*, September 21–23, 2006), and the centennial of Gabriel Dumont's death. The manuscripts belonging to the *Société historique de Saint-Boniface*, written between 1902 and 1903 by an anonymous author, are published here for the first time in a bilingual French-English volume.

A version of the French text has been published by Denis Combet in the *Cahiers franco-canadiens de l'Ouest* (Vol. 14, Nos 1 and 2, 2002, p. 105-156) without the English translation. The present publication includes a revised and corrected French transcription, a new introduction and an augmented annotation. For the English translation, we have tried to respect the original French manuscript insofar as it was possible. Michael Barnholden's book, *Gabriel Dumont Speaks* (Vancouver: Talon Books, 1993), a translation of the same texts, includes a useful introduction where he states that he proposes an interpretation of the original accounts.

There is another account which Gabriel Dumont gave in 1888 to B.A.T de Montigny while in Montreal, a few years after the Métis Resistance of 1885 and where he speaks only of the battles at Duck Lake, at Fish Creek and at Batoche. This account can be

found in Adolphe Ouimet, *La vérité sur la question métisse au Nord-Ouest* (Montréal, 1889). This text has been translated by George F. G. Stanley under the title of "Gabriel Dumont's account of the North West Rebellion, 1885", in the *Canadian Historical Review* (Vol. XXX, September,1949, pp. 249-269). For a brief comparative study of the two accounts dictated by Gabriel Dumont, see Lise Gaboury-Diallo, "'Batoche' selon Gabriel Dumont: une étude de l'historicité de ses mémoires", *L'Ouest: Directions, Dimensions et Destinations, les actes du vingtième colloque du Centre d'études franco-canadiennes de l'Ouest tenu au Collège de Saint-Boniface du 15 au 18 octobre 2003*, André Fauchon (Editor), Presses universitaires de Saint-Boniface, 2005, pp. 99-114.

We would like to express our most sincere gratitude to the following people whose generous contribution made this publication possible. For their suggestions, comments and corrections, we would like to thank John Bluethner (Collège universitaire de Saint-Boniface) Reinold Kramer (Brandon University) and Diane Payment (historian). We would also like to gratefully acknowledge our colleagues and friends for their contribution: Sandrine Hallion-Bres (Collège universitaire de Saint-Boniface), Emmanuel Hérique (University of Victoria), Gilles Lesage (Société historique de Saint-Boniface) and Anne Sechin (Collège universitaire de Saint-Boniface). Finally, for their encouragement and editorial work, we would like to thank Lucien Chaput and Roger Léveillé from the Éditions du Blé.

INTRODUCTION

Gabriel Dumont:
the Prince of the Prairies

GABRIEL DUMONT[1] belonged to a family that played an important role in the Métis communities of Saskatchewan and Alberta. His grandfather, Jean-Baptiste Dumont, left Montreal in 1790 for the *Pays-d'en-haut*, also known as the Upper Country or the Great Lakes Region. In 1793, Jean-Baptiste, who worked for the Hudson's Bay Company in the Saskatchewan valley and in Fort Edmonton, married Josette Sarcisse of the Sarcee nation, a First Nations people who were part of the Blackfoot Confederacy. They had three sons: Gabriel, Jean-Baptiste and Isidore, all of whom also went to work for the English company, becoming hunters, traders and guides. Isidore married Louise Laframboise in 1833. It was during their short stay in the Red River Settlement that Gabriel was born in 1837. For a few years, Isidore lived off his earnings through the sale of pemmican and he did some farming as well. In 1840, he also participated in the famous bison hunt led by Jean-Baptiste Wilkie, a hunt described in great detail by Alexander Ross in his book *The Red River Settlement*. The Dumonts then left to settle in the North Saskatchewan region, near Fort Pitt, where they stayed until

---

[1] Among the detailed biographies of the life of Gabriel Dumont, see: Georges Woodcock, *Gabriel Dumont: The Métis Chief and His Lost World*, Editor J. R. Miller, Peterborough (Ont.): Broadview Press, 2003; Dan Asfar and Tim Chodan, *Gabriel Dumont: War Leader of the Métis*, Edmonton: Folklore Publishing, 2003.

Gabriel Dumont in 1887. Mallet Collection, Union Saint-Jean-Baptiste, Woonsocket, Rhode Island.

1848. Then they decided to return to the Red River Colony, which had become not only a commercial centre for the numerous Métis who travelled there, but also a place where a very distinct culture was developing.

Little is known about Gabriel's childhood and adolescence, but a few oral accounts which reveal the semi-nomadic lifestyle he led with his family near Fort Pitt underscore the physical and warrior-like qualities of the young Métis. It was during the Dumont family's trip to Red River in 1848, near Fort Ellice, that the 11-year-old Gabriel thought he heard Sioux riders approaching; he warned his father and asked for a weapon. However, it was only a herd of buffalo, and despite being teased by his friends, his uncle Alexis Fisher gave him a small musket in order to congratulate him for having wanted to engage in combat. Three years later, in 1851, he participated in the battle of Grand Coteau where a Sioux war party was engaged against a convoy of Métis hunters from the Saint-François-Xavier community. This particular episode is important insofar as the victory at Grand Coteau is considered in Métis history to be of the same significance as the Battle of Seven Oaks (called by the Métis the Battle of La Grenouillère or Frog Plain) (1817), and the Guillaume Sayer Affair (1847), events which all contributed to the creation of the Métis nation and its recognition as a political force. While the last two events are linked to confrontations with the Hudson's Bay Company, the victory at Grand Coteau over the Sioux, their arch enemy, gave the Métis the opportunity to travel more freely into the United States and develop trade for pemmican there.

Two decisive events marked Gabriel Dumont's life in 1858: the loss of his mother and his marriage, at the age of 21, to Madeleine Wilkie, a marriage officiated by Father Joseph Goiffon, in the village of Saint-Joseph, just south of the Canadian border in North Dakota. It would seem that the two

had a very good relationship throughout their life together, and although they could not have children, they adopted a young girl, Annie, and a young boy, Alexandre.

From that time onward the young Métis rapidly began to play an important role in his community near Fort Carlton. He took up the traditional activities of his people, mostly hunting in which he excelled as both a rider and marksman. It is quite remarkable that at of the age of 25, he became leader of the buffalo hunt, an esteemed position that he held regularly from 1863 to 1880.

He had a penchant for life in the vast expanses of the prairie which led him to develop relationships with the First Nations. And while he fought for the Cree, the Métis' allies, he also excelled at diplomacy, a quality often attributed to the Dumont clan. In 1860, for example, he was seen negotiating at Devil's Lake beside his father Isidore and his brother Jean, and the Dakota Sioux, who were at the time threatened by advancing American troops. A few years later, the Dumonts established a peace treaty with the Blackfoot. They were also interpreters when the famous Treaty No. 6 was signed at Battleford in 1876, in the presence of Lieutenant-Governor Alexander Morris and the Cree, Assiniboine and Chippewa nations.

Throughout his life, Gabriel Dumont negotiated with the different Amerindian nations either to facilitate the passage of the Métis through enemy territory, or to create political alliances, as was the case when he offered to come help Louis Riel, in 1870, to resist Wolseley's troops who were marching towards the Red River Settlement. "If you do something, he told Louis Riel, send someone to get me, I will come with the Indians."

Gabriel Dumont and the South Saskatchewan River Métis (1868 – 1884)

Around 1868, Gabriel Dumont and his group of hunters settled near the city of what is now called Saskatoon and established a new community, Petite-Ville. It was at this time that Gabriel met Father Alexis André, a meeting that would play a crucial role in the Métis leader's life. The Oblate missionary, originally from Brittany, tried to convince the Métis to adopt a more sedentary lifestyle and consider the importance of agriculture, much like several of his religious colleagues who had established themselves in the West. He got along very well with Dumont. Dumont, in turn was all the more sensitive to the priest's ideas as he had witnessed great changes affecting the West with the arrival of many settlers, and more importantly, with the disappearance of the bison. This meant the end of the pemmican trade which at the time was the primary economic activity of many Métis. Gabriel Dumont and his clan of hunters left Petite-Ville in 1872 to settle in the parish of Saint-Laurent-de-Grandin, founded by Father André in 1871. Dumont settled ten kilometres south of Batoche where he installed a ferry crossing near which he kept a store, and he did a bit of farming. With these diverse activities, he was able to make a decent living. He did not neglect the interests of the Métis in his community, because from that date onwards and right up until the tragic events of 1885, he would actively fight to improve the future of his people.

On December 10th, 1873, with the consent of Father André, as president of the Saint-Laurent community Gabriel Dumont participated in the creation of a form of self-governance, mostly to establish hunting laws. This self-governance, unfortunately, did not last long. Indeed, during the spring of 1875, one group of Métis who were working for the Hudson's Bay Company and were led by Peter Ballendine,

broke the new laws by starting a bison hunt without consulting the other hunters. Stopped by Dumont and his men, the guilty men complained to Lawrence Clarke, a chief factor working for the Hudson's Bay Company, who reported to the Lieutenant-Governor of the North-West Territories, Alexander Morris, that the Métis from Carlton and the native peoples from that region were organizing a revolt. This information was luckily refuted by George French, an officer of the North-West Mounted Police (NWMP) who was in charge of the subsequent inquiry. The Métis submitted to the NWMP's authority which brought to an end the autonomous governance that they had sought to implement.

From 1871 to 1884, the relationship between the South Saskatchewan River Métis and the Canadian government would worsen. In fact, the Métis sent Ottawa numerous petitions about procedures regarding the distribution of land which were ignored. The Red River Resistance, led by Louis Riel and his men in 1870, led to the adoption of the Manitoba Act which made provisions for the granting of land to the Métis, but the property was badly distributed. In addition, the aggressiveness of Wolseley's Canadian militia, sent to "restore peace" at Red River, and the lack of Métis representatives in the Province's new government provoked feelings of discouragement and rapidly made several Métis sell their lots to speculators for very little. Many established themselves in the United States or further West, in Saskatchewan or in Alberta.

Many Métis from the communities of Saint-Laurent, Batoche, Saint-Louis and Duck Lake originally came from the Red River region. They expected that their land would be surveyed into rectangular river lots, whereas the government favoured the Canadian township system of square section lots. Over the years, the government often indicated that it intended to demarcate the land in rectangles, but several difficulties and misunderstandings would prevent the government from

meeting the Métis' demands. After twelve years of peacefully putting forward their claims, the Métis decided to change tactics. In the spring of 1884, a group of men including Gabriel Dumont, Michel Dumas, James Isbister and Moïse Ouellette went to Montana, in order to convince Louis Riel to return north to take up the cause of defending the South Saskatchewan River Métis' rights.

Louis Riel's Arrival
in South Saskatchewan (June, 1884)

The demands made by the South Saskatchewan River Métis from 1880-1885 were similar to the ones made in the Red River Settlement in 1870 and the government's refusal to meet their demands convinced certain Métis clans to take up arms under the command of Riel, as was the case fifteen years earlier. But conditions had changed. The presence of the NWMP, the existence of the telegraph, and the arrival of Euro-Canadian settlers, not only contributed to the expansion of a new lifestyle, but also accelerated the isolation of Métis communities. The construction of the railroad facilitated, during the Resistance of 1885, the rapid movement of well-equipped Canadian troops.

As for Riel, he had changed quite a bit. After the Red River Resistance, he had continued to defend the Métis' rights, but following threats of assassination, he left Manitoba on February 23rd, 1872. The years that followed were difficult and his mental health deteriorated. He was admitted to several asylums in Montreal from 1875 to 1878. As of 1879, he lived by hunting and working as an agent, trader, and even as a lumberjack in Montana, where "à la façon du pays"[1] he

---

[1] "À la façon du pays", is an expression which means that the marriage celebration took place in front of witnesses but without a formal religious ceremony.

GABRIEL DUMONT

ARCHAMBAULT, Photo.

Gabriel Dumont, Saskatchewan Métis, holding a rifle, photograph probably taken when he performed in Buffalo Bill Cody's *Wild West Show*, n.d. (Société historique de Saint-Boniface Archives – SHSB-8181)

married Marguerite Monet on April 28th, 1881. He then settled in St. Peter's Mission, at Sun River in Montana, where he taught school until Dumont arrived with his group on June 4th, 1884. He had undertaken, around 1883, the writing of a book, *Massinahican*, in which he develops the idea of a new Church for the Métis and the First Nations of the West.

The arrival of Riel in the North-West united and brought together the Métis. The initiatives he undertook to defend their rights during the summer and autumn of 1884 were peaceful, as the meetings at Charles Nolin's place in July attest, and in which the Anglophones of Prince Albert participated, or the meeting in August at Xavier Letendre's place, where the Métis tried to convince a reluctant clergy to help them. Another petition was sent to Ottawa on December 16th, 1884. In it, the Métis asked the government to grant titles to land occupied by settlers and that the districts of Saskatchewan, Assiniboia and Alberta be made into provinces. Ottawa's reply would not please the Métis, even more so because the government did not want Riel to take part in the negotiations. Riel, after having asked the Métis if they still wanted him to represent them, decided to change his strategy. Dumont, who up until then had only played a minor role, let Riel take the initiative, and actively supported his friend.

On March 19th, 1885, feast day of Saint Joseph, patron saint of the Métis, Louis Riel put together a Provisional Government, called the *Exovedate*, a latin word meaning "the one chosen by the flock". Pierre Parenteau was named President[1], and Gabriel Dumont, the Adjutant General. But the unity within the Métis was weakened by the clergy's position. On the one hand they were against an armed response which they considered to be harmful to the Métis' cause, and

---

[1] The French text reads *"président"*, but in this context it means moderator or chairperson.

on the other, they considered Riel to be a false prophet. In fact, the pioneers and the Anglophone Métis refused to participate in the Resistance, and the First Nations' participation was limited to a few groups, indeed a few individual warriors.

Gabriel Dumont, from the North-West Métis Resistance (1885) to Bellevue (1906)

During the events of 1884-1885 Dumont played a decisive role by Riel's side. His courage, as well as the strategies he used at Duck Lake, at Fish Creek and at Batoche, would inspire his people and delay the outcome of certain defeat at the hands of an army of many more men who were far better equipped than the Métis. Of course, if Riel and the *Exovedate* council, which had adopted a defensive strategy in the Métis' military tradition, had not on several occasions impeded Dumont who wanted to organize a more offensive battle in the tradition of the First Nations, the Canadian army would have spent more time during the spring of 1885 trying to conquer an unpredictable and invisible enemy. For example, after the battle at Duck Lake, Dumont would have liked to pursue Major Crozier's troops, but Riel opposed this, arguing that there had already been too much bloodshed. The same thing happened after the fire at Fort Carlton, when Dumont hoped to ambush the NWMP who were retreating to Prince Albert. Riel once more convinced him to forget a plan he considered too cruel. These two events seem important, because the Métis' General might then have taken advantage of the Canadian troops' discouragement after their defeat at Duck Lake, and by the same token he might have collected the arms, ammunition and provisions that were sorely needed.

While Middleton's armies were marching toward Batoche, Gabriel Dumont had the intention of slowing them down by several means, using tactics belonging more to guerrilla warfare than to those of standard military practice: the

destruction of bridges, attacks on convoys, nocturnal harassment, railroad sabotage, and prairie fires. But these strategies were impossible to put into action, due in part to Riel's temperance – as he undoubtedly had not expected such a rapid turn of events and had hoped for a diplomatic solution rather than a military one –, or quite simply due to logistics. Considering their lack of weapons and ammunition, most evident at Batoche, the Métis' attempts were condemned to fail; furthermore, the lack of military coordination also stopped them from acting with efficiency. The ambush Dumont had set up at Fish Creek could not succeed because of the imprudence of some of his men. The desertions and understandable defections by civilians, who were mostly concerned about protecting their families, as well as the role of the priests, who refused to confess the rebels, would discourage and reduce the warriors' ardour. Finally, the limited participation of the First Nations, the very ones on whom Dumont and Riel had counted, would undoubtedly diminish any possibility for serious resistance.

After the battles at Duck Lake and Fish Creek, Gabriel Dumont opted for a defensive strategy in order to protect Batoche. He succeeded to some extent, in that the way he placed his troops made General Middleton and Lord Melgund believe for several days that the Métis, being quite motivated to defend their territory and families, held a fearsome position. Even if the Métis were defeated, it remains undeniable that the fierce resistance they offered these troops, more numerous and better equipped than they, was in large part due to the strategy and courage of their General.

For several days after the battle at Batoche, Dumont crisscrossed the plains and hills, even though they were teeming with soldiers, searching in vain for his friend Riel, showing by this gesture his loyalty and unconditional commitment; and though he wanted to fight right up until the last moment, it was his father who discouraged him from doing so.

Gabriel Dumont, in his later years. (University of Manitoba Archives)

Dumont left afterwards with Michel Dumas for Montana from where he tried to plan for Riel's escape and to re-engage the battle. After his friend's hanging on November 16th, 1885, Dumont abandoned the project. His wife Madeleine soon joined him to announce more bad news: the death of his father Isidore. Madeleine, who suffered from tuberculosis, died in the spring of 1886.

During that summer, Dumont was hired as a sharpshooter in Buffalo Bill Cody's *Wild West Show*. He also went to New York in 1887 and to Montreal in 1888, where he dictated a first version of his account of the events of 1884-1885. His return to Montana in 1890 was marked by an assassination attempt on his life, during which he was seriously injured, an attempt made in all likelihood by a bounty hunter. He finally returned to Saskatchewan in 1893 to live quietly on his nephew Alexis Dumont's land. Little is known about the last years of his life. He died on Saturday, May 19th, 1906, in Bellevue.

Editing the *Memoirs as dictated by Gabriel Dumont* and *Gabriel Dumont's Story*

The *Memoirs as dictated by Gabriel Dumont* and *Gabriel Dumont's Story* were initially found at the *Union nationale métisse de Saint-Joseph*. Afterwards they were transferred to the Provincial Archives of Manitoba. Since the spring of 2001, they have been kept in the archives of the Historical Society of Saint-Boniface at the *Centre du patrimoine*. The accounts presented here were dictated by the Adjutant General at the head of the Métis army in 1885. They were transcribed between 1902 and 1903 by an anonymous author, undoubtedly by one of the members of the *Union nationale métisse de Saint-Joseph*, who knew both *Mitchif* and French. In general, the work of transcribing and possibly rewriting these accounts (transforming oral accounts into written ones) suggests that the anonymous author was educated. Diane

Page 20 [71] of the manuscript "Récit Gabriel Dumont" (Gabriel Dumont's Story), Société historique de Saint-Boniface; Fonds Société Historique Métisse, 0449/1346/053.

Payment proposes that among other possibilities it might have been Martin Jérôme (Liberal member for Carillon in the Manitoba Legislative Assembly from 1886-1896 and from 1899-1903). Other members of the *Union nationale métisse Saint-Joseph du Manitoba*, such as Pierre Dumas, Roger Marion, Joseph Hamelin, and Charles Sauvé are also possibilities.

The original manuscripts are written in lined note-books. The writing is small and regular, without too many erasures; it appears to have been a quick transcription following dictation, but a few clues lead us to believe that the accounts were written in several stages. From time to time, between the lines, there are inserted additions, discernable due to a change in the ink colour. Certain symbols (such as an x or an arrow) or sometimes a paragraph, marked in the margin by an undulating vertical line, are accompanied by a written comment by the author who explains that this part of the account should be taken out or placed elsewhere in the text.

The first text, *Memoirs as dictated by Gabriel Dumont*, relates episodes linked first and foremost to the life of this Métis leader, alongside other First Nation peoples in Canada, as well as a few anecdotes tied to the events that followed during the Resistance of 1885. In this sense, they are a prelude to events recounted in *Gabriel Dumont's Story*, which is mostly concentrated on the revolt of 1885, specifically the Battle of Duck Lake, the Battle of Fish Creek and the Battle of Batoche. The two narratives belong to military and anecdotal history.

Gabriel Dumont's Story is dominated by an apologetic discourse, since Dumont presents himself as a man who, during his entire life, took action to help his people and friends. Through Dumont's actions and thoughts, we also discover the nobility of a great prairie people, the Francophone Métis who, contrary to their Anglophone counterparts, did not hesitate to take up arms to defend the rights that the Canadian government was unjustly ignoring. Yet, in telling his story,

Gabriel Dumont rises above others by revealing his superior sense of honour and courage. He is not only the "Prince of the Prairies", but he is also the man who inspired the troops he led into combat at Duck Lake, at Fish Creek and at Batoche. Indeed, the heroism of the Métis chief is in harmony with his sense of duty. Just before the battles of 1885, for example, he let it be known to all Métis that as soon as he took up arms and led his men, he would give it his utmost, and that is what he asked his people to do because he doubted that they had the spirit and conviction for a long term struggle. A few images from these dramatic events are striking. Despite his painful injury at Duck Lake, he did not hesitate to engage in battle at Fish Creek, and he continued to rally the deserters, to prepare attack and defence plans. Finally, hounded and tracked by the police who were crisscrossing the region of Batoche, he kept searching for Riel, hoping to help him escape, though ultimately without success. In a very discreet way we perceive Dumont's great respect for Riel. The author in several passages reveals the spiritual ties uniting the two men. Indirectly, he implies that these ties were essential in the organization of the Resistance of 1885.

The *Memoirs as dictated by Gabriel Dumont* and *Gabriel Dumont's Story* remain emotionally charged documents. And, despite the spontaneity of a recorded testimony, the anonymous author succeeds fairly well in presenting this segment of Dumont's life story, in the tradition of memoirs. Dumont speaks in order to correct the official version of events, which was often exaggerated or untrue. Thanks to the scribe's efforts, the oral account is transformed into a written text-testimony which re-establishes for history the honour and dignity of an individual and of a people. Beyond the epic events of 1885, it is the role of Dumont and his superior heroism that will stand out in a text that is, for him, above all a vindication.

The literary quality of the text is undeniable. The description of scenes, the presentation of the characters, the

digressions and the spatio-temporal framework, the use of direct and indirect discourse, reveal that the author has modeled his work on military narratives. The author knew how to rephrase in a very aesthetic fashion, and in modern French, testimony which was dictated in *Mitchif* or in regional French. The scribe undoubtedly composed his text after having taken notes during interviews with Gabriel Dumont, but he also relied on his memory, because the text often reproduces the latter's testimony – as spoken in the first person singular –, but also includes narrative passages – written in the third person singular –, which summarize events and suggest causes for the Resistance.

There are however a few places where the style can be found lacking. For example, there are inconsistencies with regards to the grammatical rules governing the French use of tenses because some of the sentences are written in the past tense, while others in the same paragraph are written in the present tense which is not usually acceptable in French syntax. This stylistic anomaly could be due to the state of the original manuscript, since it remains a rough preliminary draft of a text, but the author also does not hesitate to insert in the historical discourse (where preterit and other past tenses dominate) passages where the present tense is used and which underscore the intensity of the military action, or the heroic deeds of Dumont. And the general effect of alternating between past and present tenses creates a certain dynamic rhythm which does lend itself well to this type of life story.

The author is also undertaking the work of an historian. For example, he uses outside sources, among others the military reports of General Middleton (*Admiral Review*). It is also true that he regularly offers his personal point of view on the events, the military strategy and the Métis' heroism, their hesitations and fears. Overall the military events are presented with realism.

Portrait of "Gabriel Dumont, French half breed, Riel's Second in Command, 1885 Rebellion", circa 1880s. (Glenbow Library and Archives– NA-1177-1)

We have chosen to reproduce the two texts while respecting the order established by the author, even if in some cases, he does not follow the chronological line of historical events. The testimony was mostly transcribed in correct French, with a few regionalisms and anglicisms that we have kept in order to reflect the spirit and meaning of the accounts. The text is reproduced here as it is found in the original manuscript[1]. In the French text, English words have been kept and written in italics, such as store, bluff, policemen, etc. We have standardized the spelling of certain names of people and places, but have indicated in the footnotes what the original manuscript reads. However, we have taken the liberty of inserting footnotes or adding corrections or information by using brackets in the text. We have given first names to clarify the identity of some people belonging to the same family (between brackets), such as [Calixte] Lafontaine or [Philippe] Gariépy, and at times, we have given precise names: the Indian [Assiyiwin]. We have also sometimes added words in brackets when they were missing in order to establish a grammatically correct and meaningful sentence. Finally, we have tried to respect, whenever possible, the punctuation and presentation of sections or paragraphs of the original manuscript.

Denis Combet
Brandon University
Brandon, Manitoba

---

[1] However, in the English translation, we have tried, whenever possible, to respect English syntax and grammar.

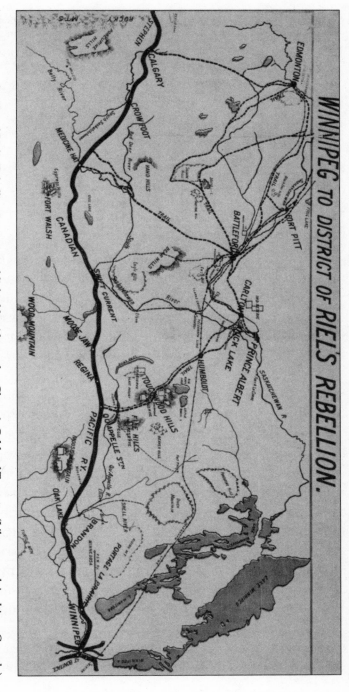

"Winnipeg to district of Riel's Rebellion" – map published by Alexander, Clare & Cable of Toronto. (Library and Archives Canada)

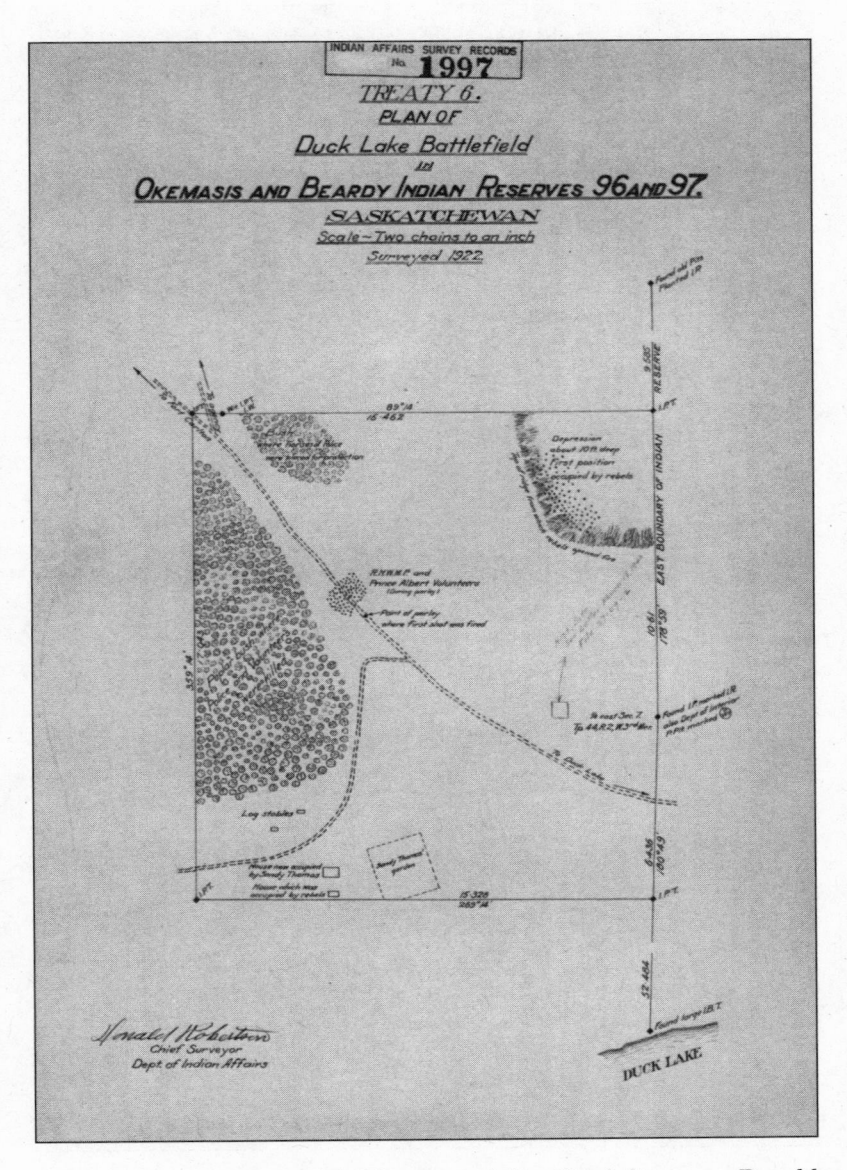

Plan of Duck Lake Battlefield prepared by Chief Surveyor Donald Robertson in 1922. It is the only known plan depicting the battle. (Library and Archives Canada)

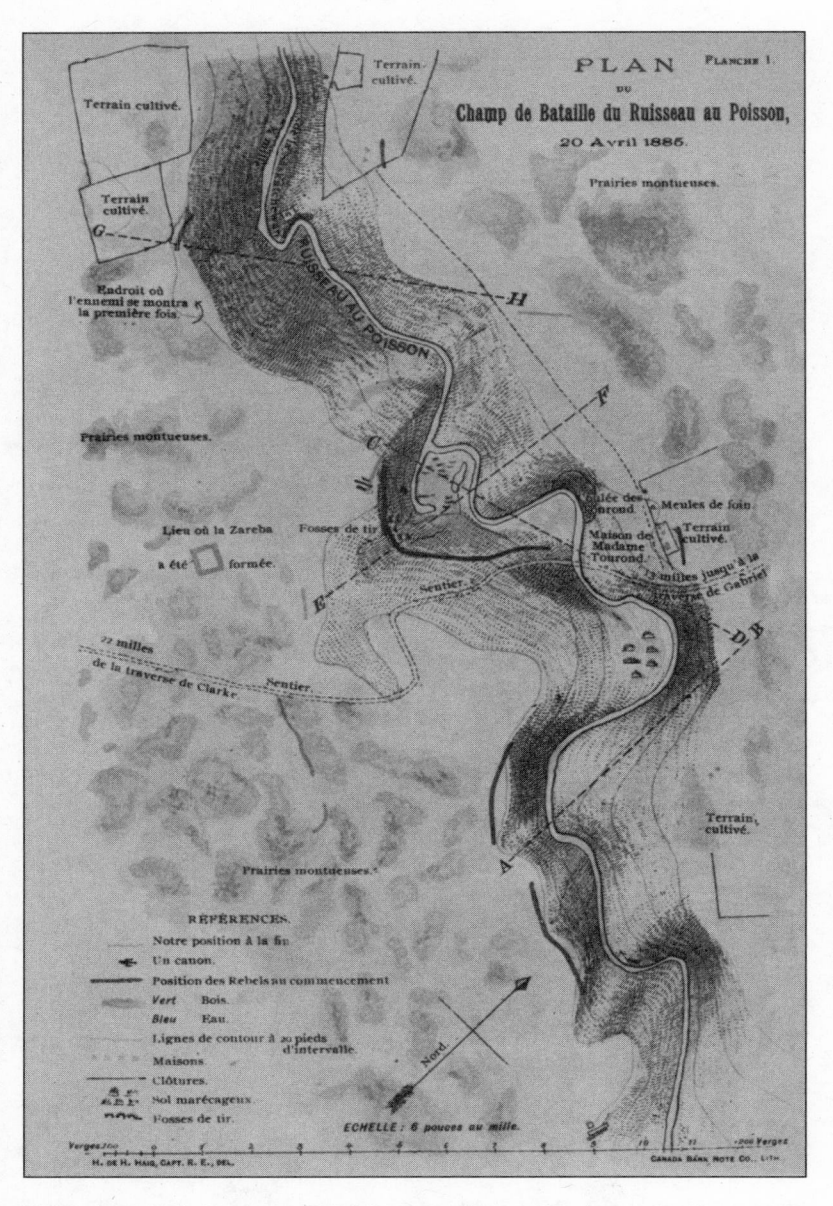

Plan of the Fish Creek Battlefield on April 20, 1885, drawn by Captain H. Haig, Middleton's quartermaster. (Canada, *Sessional Papers No. 6*, 1886)

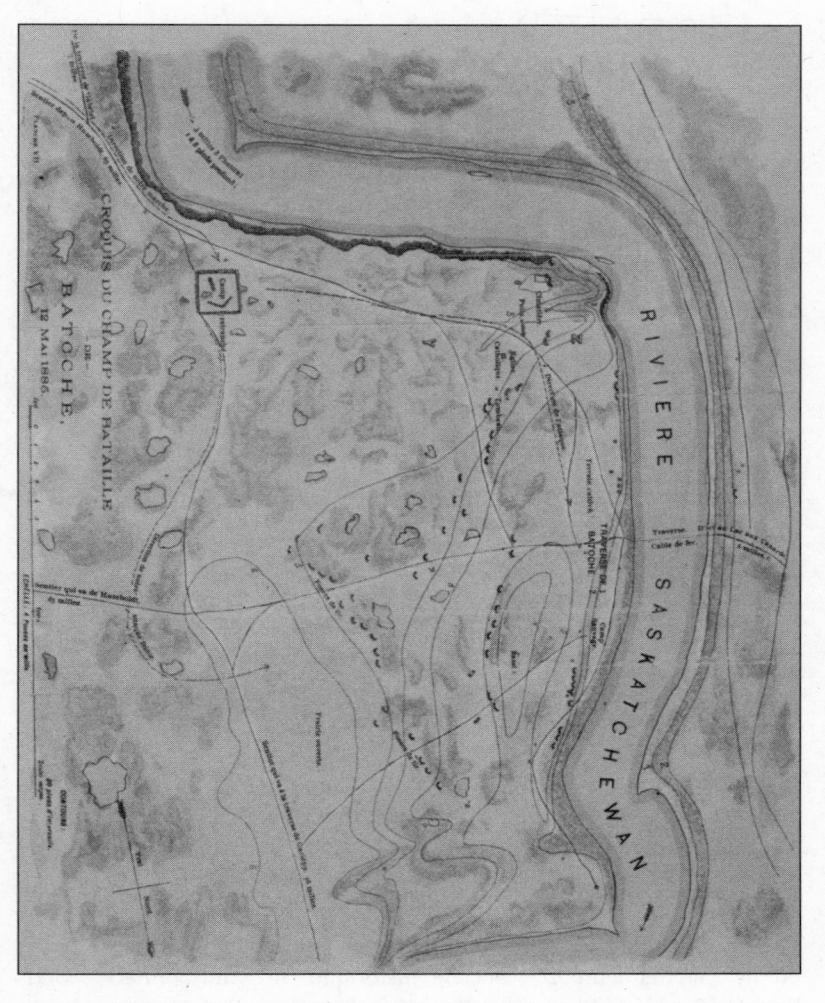

Sketch of the Batoche Battlefield on May 12, 1885, drawn by Captain Haig, Middleton's quartermaster. (Canada, *Sessional Papers No. 6*, 1886)

Page 1 of the "Mémoires dictés par Gabriel Dumont" (Memoirs as dictated by Gabriel Dumont), Société historique de Saint-Boniface, Fonds Société Historique Métisse, 0449/1346/058.

MEMOIRS AS DICTATED BY GABRIEL DUMONT

GABRIEL DUMONT: sixty-five years old (he was 47 at the time of the Rebellion), son of Isidore Dumont; at the age of 12 he met the Sioux[1], and knew how to shoot. Born in Winnipeg, then, at a young age, brought to Fort Pitt where he stayed until he was 10. Then, while he was still quite young, he returned with his parents to Winnipeg.

During the Rebellion of 1870, he was actually living at a camp at Batoche. Before leaving Winnipeg, he had said to Riel: "If you do something, send someone to get me, I will come with the Indians[2]."

---

[1] Although he was but a young adolescent, Gabriel had participated in the hunt of 1851 which would lead to the Battle of Grand Coteau. In July of 1851, about 300 Métis, who were attacked by a much larger group of Sioux, achieved triumphant victory. Only one of their men was killed, but they caused heavy losses to their adversaries. This battle took place along the banks of one of the Missouri River's tributaries, most likely to the south-east of what is now known as Minot in North Dakota.

[2] The term used in French was *Sauvages,* and the term "Indian" was used in English at the time Dumont dictated his recollections.

Gabriel Dumont, during the 1880s. (Glenbow Library and Archives – NA-1063-1)

Episodes of his Life

"One time," he said, I killed a Blackfoot[1] while fighting for the Cree[2]. This Blackfoot, you see, was the bravest of them all, he advanced all alone towards us. I lunged for him, I had a good steed, he escaped; but I caught up to him like he was a buffalo[3]. When I was almost at his side, I stuck the barrel of my gun into his back and, at the same time, fired a shot. He fell forward, in front of my horse's head and as it galloped, surprised by this sudden obstacle, it leapt over him with such violence, that I was almost thrown off. The Blackfoot's pony was still galloping beside me. I pulled one leg over my horse's neck and jumped to the ground while clutching the dismounted pony's bridle. I then turned towards the poor Blackfoot; he was killed outright, and I was saddened because he had never really done me any harm."

---

[1] The Blackfoot (Siksikas in Alberta) are one of three First Nations of the Blackfoot Nation which also includes the Kaina (Blood), and Pikani (Peignans). The Canadian territory of the Blackfoot nation reaches from Alberta to the south of the North Saskatchewan river, and from the foothills of the Rocky Mountains to the Cypress Hills, (Alberta-Saskatchewan border). The Blackfoot Nation gave itself the name of "soyi-tapix", which means "prairie people". In 1877, the Blackfoot Nation signed Treaty No. 7 with the Canadian government. The First Nations of Blackfoot (Siksikas), Kaina (Blood) and the Pikani (Peignans) each chose a reserve in the South of Alberta. The term Blackfoot is used in Canada, whereas Blackfeet is the term commonly used in the United States.

[2] The Cree occupied a vast northern region, going east from James Bay to Lake Winnipeg, and from the South to Lake Nipigon. Because of the fur trade, they later moved further west and reached the heart of Saskatchewan. At the end of the 18th and beginning of the 19th centuries, the Western Cree rapidly abandoned their hunting and trapping lifestyle to become warriors and bison hunters. The Cree are often subdivided into three groups: the Plains Cree (Alberta and Saskatchewan), the Woods Cree (Saskatchewan and Manitoba) and the Swampy Cree (Manitoba, Ontario, Quebec). The Cree were traditionally the Métis' allies; they were also enemies of the Sioux, Blackfoot and Gros-Ventres.

[3] Name commonly used for the American bison.

"But then," I said to Gabriel Dumont, "why were you fighting them?"

"I'll tell you why," he answered; and he continued his story: "We were six or seven Métis tents camped near a Cree encampment with whom we were on good terms. One day, when I wasn't there, a Cree came to my lodging near which a good horse was hobbled; it was in an iron hobble that was locked with a padlock. The Cree wanted to have my horse to go fight against the Blackfoot who were in the area, and he asked my wife for the horse. She refused. Then the Cree said: "If you don't unlock the padlock, I'll kill the horse."

Gabriel's wife did as she was told. When Gabriel came back, he was quite angry to learn what had happened. That very evening, there was a war dance organized by the Cree. He [Dumont] went to it. "I entered the lodge," he said, "and I sat down among the women without saying a word. When they had finished dancing, I got up, went amongst the warriors and began to say, 'Friends! friends! I will tell you what I have done! I have done this... I have done that... I have fought here where my courage has been admired, and there, where I made my enemies flee. All of my enemies fear me and all of my friends say that I am the best horseman and rider, and the best at shooting a rifle, etc., etc. Well, today you have done something that has offended me. While I was not here, you came and took my horse. It's easy to frighten a woman. But since I've been married to my wife, we have always gotten along well together, and what is done to her, it's as if you had done it to me. And, well! I'll tell you, I cannot tolerate that.'"

The Cree told him that they did not intend to offend him, that this was their law; and because of this law, their friends, allies and they themselves were obliged to give their best horses when they had to fight the enemy.

"I am not interested in your law," said Gabriel. "If you see me fighting with you, there are some of you who might pass

in front of me headed towards the enemy, then you could take my horse; but if I am always the first to gallop towards the enemy, not one of you then should touch my horse when I am not there!"

"The next day," added Gabriel Dumont, "the Cree met with the Blackfoot; I went and fought with them and it is because of what I had said the previous evening that I ran the Blackfoot down and killed him to show the Cree that I was better than they were, so that they should respect me."

§   §   §

One day, he was scouting during a buffalo hunt. In order to climb up a butte, he attached his horse's foot to a halter and left him at the foot of the hill. He never climbed to the very top of a butte, but went up the side, among the rocks, where there were a few, in order to hide. That day, he had hidden himself amongst the rocks, advancing on his stomach. He noticed a long vertical shadow on the hill opposite him that he supposed had to belong to a living being; but was it a man or a wolf sitting on its haunches? He said to himself, if it crouches down when it moves, it's a man, if it gets longer, it's a wolf. So he waited. The spot, as it moved, became smaller. It was a man. He waited a long time; it didn't move. He said to himself: my man is sleeping. I will go see him. He went down the hill, took his horse, went around the buttes, and climbed to the top of the one where the man was sleeping, but he said to himself: if I approach him this way, he will have an advantage over me; so he got off his horse and left him again at the bottom of the hill. He advanced; he saw the sleeping man whose rifle was on the ground next to him. Gabriel also had a rifle in his hands, ready to defend himself, but how should he approach him [the man]? He said to himself: if I scare him as I awaken him, he will jump on his rifle and kill

me. So he crawled stealthily towards him and picked up his rifle, lifting it very carefully, and retreated a bit and placed it behind him on the ground. Now there was no more danger; Gabriel only asked himself in what original way he could awaken him; he pondered the question, and finally said to himself: after all, he is an enemy, I'll whip him. He was wearing a big whip made of plaited leather; he lashed his [the man's] entire body with one stroke. The man, who was a Indian from the Gros-Ventre[1] tribe, was suddenly kneeling before him, his face revealing an indescribable fright. But Gabriel began to laugh and, after a few moments, the Gros-Ventre saw that he did not want to hurt him. Gabriel made him sit beside him, but on the opposite side of where the rifle was, found his pipe, lit it and offered it to him. The Indian regained his confidence and smoked with delight. However, after a while, his whole body began to tremble, to the extent where he could no longer hold the pipe, and he indicated to Gabriel with his gestures how much he had frightened him. Finally, Gabriel got up and gave him back his rifle, and they walked together towards Gabriel's horse; once they arrived, Gabriel had to bend down to untie the horse's foot, but fear gripped him. "The Indians are so cowardly," he said, "I was afraid that as I was bending over, he would shoot me with his rifle." And so he gestured to the Gros-Ventre to first get on his own horse, which was also standing on the hillside. The Indian obeyed, and as soon as he was on his animal, he ran off as if the devil were after him, and Gabriel left afterwards, going in another direction.

[1] Name given to the Hidatsa (or Minitari), a Plains' tribe of Sioux lineage. The Hidatsa were originally from the Missouri River region in North Dakota. A nation of farmers, the Hidatsa lived in earth-lodges built in villages where they mainly harvested corn. They developed a complex social organization with elaborate rites, leaving to go buffalo hunting once a year and celebrating the Sun Dance. The Southern Branch of the Saskatchewan River used to be called the Gros-Ventre River, and the forks of the Saskatchewan North and South Rivers, the Gros-Ventre Forks.

§ § §

Another time (he was young), he saw a Blood[1] brave in the prairie. They charged each other, each one undoubtedly believing that the other would be frightened and turn away, "but when I was a bit closer," said Gabriel, "I saw quite well in his eyes that he would go all the way and charge." The Indian was armed with a bow, but their meeting was so unexpected and quick that he had not had time to take out an arrow from his quiver. Seeing this, Gabriel did not want to hurt him and only thought of knocking him to the ground. Their horses rammed into each other's shoulders. The Blood brave could not stop his horse promptly, while Gabriel sat his on its hindquarters, and made an abrupt about-face, and in another bound, caught up to his adversary from behind, grabbed him firmly by the arm so that the other could not think of defending himself. Gabriel led his prisoner by the arm all the way to camp. There, he was given a pipe which he smoked without coming down from his horse, then he was told he could leave, and he fled on his horse as fast as he could.

A long time afterwards, while working to maintain the peace between the two nations, Gabriel recognized his old prisoner in a camp. Twenty years had passed, but the Gros-Ventre[2] had strands of white in his black hair that were quite

---

[1] The Blood (Gens-du-Sang) or Kaina people are one of the three tribes which constitute the Blackfoot nations. The Blood occupied hunting territories spread out between the Red Deer and Belly Rivers in Alberta, but towards the 19th century, they headed further south, towards the region of the Belly River (south of Lethbridge) and often went further south, deep into Montana. As nomads and bison hunters, they had the reputation of being fearsome warriors.

[2] The writer is referring to the same person. It must therefore be a Blood native, and not a Gros-Ventre.

recognizable; he was now a grand chief of his nation and was called *Dépouille de Boeuf* or Buffalo[1] Carcass. They then made fraternal gestures of greeting.

§ § §

He was negotiating peace in a Sioux[2] camp. As he was coming out of the tent where he had been received, while he was exiting, leaning forward, hunched over while passing through the narrow opening closed by a flap of hide, a Sioux hit his head with the end of the barrel of his rifle, while at the same time pulling the trigger. By chance, the shot missed and Gabriel came away with only a contusion. The other Sioux then jumped on their brother who was dishonouring their word, and they chased him from camp kicking and beating him with sticks.

§ § §

In 1891, while he was in the United States, he was almost assassinated[3]. He had camped with a few other Métis nearby. He was alone in his tent. During the night, he was awakened by a knife-blow behind his left ear. He got up, [and] tried to control his aggressor. "I did not want to hurt him," he said, "he didn't anger me; I said to him: but what do you want to do, tell me? But what is it that you want to do?" And Gabriel repeated that several times in a tone that was not tinged with anger, he was simply surprised at seeing a man getting mixed

---

[1] The exact translation of *Boeuf* is Beef, however the Métis used the word to describe a male bison or, in their vocabulary, the male buffalo.

[2] In 1862, Gabriel Dumont accompanied his father Isidore Dumont to Devil's Lake in order to sign a peace treaty with the Sioux.

[3] This event took place in Montana.

up in what does not concern him. A physical Hercules himself, he considered the other armed with a knife like a mosquito who wanted to bite him.

However, the assassin gave him several other blows in the back. Gabriel managed to put his knee on the other's shoulder, and while he tried to grab his hand, the killer, as he fought, defending himself, sliced him with two cuts in the stomach, one on the extreme left, beneath the ribs, the other a little lower on the left, just above the bellybutton. Each cut was about four or five inches long and made large scars. Indeed, the wounds gaped horribly and it was a miracle that the abdomen's wall was not touched. Then Gabriel, who held his assassin in respect, his right hand halfway into his mouth, tightened his hold on the cheek and throat, while with his left, he had grabbed the knife, putting his hand on the blade and cutting his fingers.

His neighbours from the other tents arrived upon hearing the noise. As they saw Gabriel nearly choking his adversary, they told him: "Let him go, let him go!" Gabriel let him go and the other fled.

He supposed that it was a man tempted by the $5,000 bounty put on his head by the Canadian government.

His Wound at the Battle of Duck Lake[1]

He suffered during the whole time the war lasted at Fish Creek[2] and at Batoche; after screaming in pain all day, as he did, he had a swollen head at night.

When he arrived in the States, his wound still oozed. He sought treatment. There was a deep cut about two inches long and three fourths of an inch deep, right at the top of his head. He had to have had an extremely thick skull not to have been killed. Doctors told him that a large artery had been severed. And so, even after healing, he had numerous other accidents. When he turned hard, it was as if someone had hit him with a hammer on the skull, and often he would fall, having lost consciousness, but only for the time it took to fall, and he would get up again immediately.

One day, he fell this way in a blacksmith's shop, his face landing on a pile of sharp iron shavings, which cut up his face everywhere.

For some time, these accidents haven't happened to him anymore, the circulation has undoubtedly been regularized by the neighbouring smaller arteries, which, having progressively distended themselves, have been able to replace the severed artery.

§ § §

---

[1] This skirmish took place on March 26th, 1885.

[2] Name given by Middleton's soldiers to Coulée des Tourond, located 20 km south of Batoche, on the east bank of the South Saskatchewan river. The Métis Setttlement, established in the early 1870s, stretched from Saint-Louis-de-Langevin to the north to Coulée des Tourond to the south. In 1885, the population of the Métis Settlement was approximately 500 people.

It is said that Gabriel Dumont was in France with Buffalo Bill[1]. This is false. He was hired by Buffalo Bill, but in America before 1889. Because Buffalo Bill had to pass by way of England on his trip to Europe and, since Gabriel did not yet have his amnesty, he did not want to follow him. In France, Buffalo Bill had with him Michel Dumas, Ambroise Lépine (brother of old Maxime Lépine, who was General of the 1870 Rebellion, but did not take part in the one of 1885), Jules Marion (son of Édouard Marion), Maxime Goulet (brother of Roger Goulet, who had died recently at the land titles office in Winnipeg).

Michel Dumas and Ambroise Lépine did not stay long with Buffalo Bill. They were almost constantly drunk and he threw them out. Ambroise Lépine (Farget[2]) suggested that people mistook him for Buffalo Bill and it was because of jealousy that the latter fired him.

They were out on the street; they went to knock at the Canadian Consulate's door in Paris. That is when Michel Dumas passed himself off as Gabriel Dumont. Mr. Pierre Toussin, then the Secretary for the Counsul of Canada, was charged by him to present them to General [...], mayor of the municipality of Neuilly, upon which land Buffalo Bill had set up his show. "My General," said Mr. Toussin, "I present to you the Generals Gabriel Dumont and Lépine, from the Army of the French Métis Rebellion in Canada." The General [...] was interested in them as fellow brothers in arms and it was thanks to his help and that of the Canadian Consulate that Michel Dumas was brought back to Canada under the name of Gabriel Dumont.

---

[1] Gabriel Dumont did indeed participate in Buffalo Bill Cody's *Wild West Show*, but for not more than three months. He joined the *Wild West Show* on July 7th, 1886.

[2] Farget was Ambroise Lépine's nickname.

Ambroise Lépine was brought back by the son of Mr. Ouimet, a lawyer in Montreal.

Goulet was also thrown out by Buffalo Bill; his brother sent him money so that he could return home. Only Jules Marion, who had been hired to build a dog sled, completed his whole contract.

Gabriel Dumont only went to France in 1895, and he stayed there almost a year and did not leave Paris.

He received his amnesty in the winter of 1886 (a year after the others).

GABRIEL DUMONT'S STORY

AROUND 1880 (OR 1881) the Métis of Batoche and of Saint-Laurent were very angry that they were made to pay for the wood they had cut for heating or to make boards.

Gabriel Dumont led the unrest. "I could not understand," he said, "that they would do this to us here, in what was still a wild country. I remember in Manitoba, four or five years after it had been made into a Province, we cut wood freely on the unoccupied land. I travelled around with Father Végréville[1] so that we could oppose that; we organized assemblies together."

---

[1] Father Valentin Végréville (1829-1903), an Oblate of Mary Immaculate and missionary originally from Mayenne (France), arrived in the Red River Settlement in 1852. After almost thirty years among the Amerindians of northern Alberta and Saskatchewan, he was assigned to Saint-Laurent-de-Grandin in 1880. In 1885, he was living in Batoche where he was taken prisoner during the unrest. A town in Alberta was named in his honour.

Page 1 of the manuscript "Récit Gabriel Dumont" (Gabriel Dumont's Story), Société historique de Saint-Boniface; Fonds Société Historique Métisse, 0449/1346/053.

One day, I went and found Laferté [Louis Schmidt[1]] and explained to him that we could not stand for that. He answered me: "You are unable to stop it: the law has been passed." And Gabriel replied: "I will still try." An assembly was held in Batoche. The people wanted to name Gabriel Dumont President[2], but he said he would not accept because, he said, "I want to be able to speak."

It was Emmanuel Champagne who was named President. Once again, Gabriel explained how the governor was not yet the master of this land: "We left Manitoba," he said, "because we were not free, and we came here, to a country that was still wild, to be free. And now they want to bother us again, to make us pay for cutting firewood. Well, let's not let them have their way. The Governor is testing us and if we let him, he will go even further."

The assembly decided to draw up a petition[3]. Michel Dumas, nicknamed the Rat, a farmer from the reserve[4], was the agent charged with seizing the wood. He also offered to sign the petition. "However," he said, "I will continue to seize the wood until I receive new orders." And Gabriel told him: "We don't need your signature, as a matter of fact, it's you we don't want, and it's against you that we are working."

---

[1] Louis Schmidt was Louis Riel's secretary in 1870, but he refused to participate in the insurrection of 1885.

[2] The French text reads *Président*, however, the English term more commonly used today would be Chairperson.

[3] The Métis sent petitions in order to defend their rights, but no one ever bothered to answer them. For example, in May of 1881, 104 Métis signed a petition in which they asked for the same advantages afforded the Manitoban Métis in 1870, that is to say the "scrips" (land titles) for the heads of families, land for their children, and the surveys done along lakes and rivers.

[4] Michel Dumas had been appointed by the Canadian government as Farm instructor on the One Arrow Reserve near Duck Lake. There were two reserves of Willow Cree near Batoche and Duck Lake: the one belonging to Chief Kàpeyakwàskonam (One Arrow, known as *Une Flèche* in French) and the one belonging to Chief Kàmiyistowesit (Beardy, known as *Petit-Barbet* or *Barbu* in French).

"Oh, Gabriel Dumont," said Michel Dumas, "I want to sign it like all of you, to show my goodwill towards you." And he kept holding the petition in his hands. So Isidore Dumas, who was his uncle, took the petition from his hands while saying to him: "Do you hear what Gabriel Dumont has told you? He does not want you to sign it, understand?"

Then Gabriel Dumont went off to find [Lawrence] Clarke[1], Fort Carlton's chief factor, the representative of the district in Parliament. He went there with [Xavier Letendre] Batoche and Alex Cayen, all three delegated by the assembly.

They arrived at Carlton and explained the reason for their visit to Clarke: "We are being made to pay for wood that we cut, here in the wilderness. It is not possible for us to let this go on. The government is trying to control too much. We have come to you so that you might stop this, as you are our representative. This is [our] right[2], you see, and if we let them, they will continue doing this."

Clarke explained that he could do nothing, that the law had been passed, and as a representative of the government, he must abide by the law. "Ah well," said Gabriel, "if there is a law, then you must get it abolished. I will force you to do it; you must agree or else it is of no use to have a representative."

"No really, I cannot do anything," replied Clarke, "it is useless to try."

"We must," said Gabriel. "Here is a paper (he pulled out the petition from his pocket), with this you will go to Winnipeg. Once again, you must agree or else we have no need for you." As he examined the petition and the signatures,

---

[1] Lawrence Clarke was the Hudson's Bay chief factor for the District of Saskatchewan and had been elected in 1881 to the North-West Territories Council as the representative of the District of Lorne. He served for a two-year term.

[2] The French text reads "This is by right" and should be understood as meaning "our" right.

Clarke then said: "With this, I will certainly get on my way; you did not tell me you had done that, Mr. Dumont, but I will gladly take care of it, because not only will I be rendering you a service, but it will also give me a certain stature in the Chamber; they will see that I take care of my district. I will send a telegram right away. And if they do not answer me, I will go to Winnipeg, and the government will pay for my trip."

After five days, he had an answer, [an] order to let the Métis of Saskatchewan freely cut wood for their own use.

Michel Dumas was notified of this new measure and a few days later when he met Jean Dumont from whom he had seized the wood beforehand, he told him [Jean] he could now make use of it. And Jean Dumont answered him: "It's about time, now that you've made me waste a whole year (for it was wood for his sawmill). You should be ashamed of working against your own people this way."

All of this happened around 1881 or 1882. Around this time, they learned that in Edmonton the Métis were being dispossessed of their land by new settlers; that the Métis had complained to the police who said they could do nothing; that the pioneers began to build and to settle on lands which the Métis claimed as their own property by their right as first occupants; that about thirty Métis got together and decided to take justice into their own hands; that they accused the government of not upholding justice; that they indicated to the new occupants that they would take back their land and that by rigging their horses with cables tied to the settlers' small houses, they made them tumble down into the ravines.

Naturally, the settlers were very irritated, but for their part the Métis did not let themselves be intimidated, and were ready to accept that bloodshed was in the offing.

The Saskatchewan Métis, upon learning these facts, began to fear the same thing would happen to them. The difficulties they had just had with the government with regards

to wood were not about to reassure them. In addition, they had still not obtained their rights from the treaty which had put an end to the 1870 Rebellion. They resolved to ask the government to grant these rights.

From 1882 to 1883, people were very preoccupied by these questions, assemblies were held, inspired by Gabriel Dumont, Charles Nolin, etc., in Batoche, in Saint-Laurent and all the way up to Prince Albert.

Following these assemblies, petitions were sent to the government, but these petitions always remained unanswered[1].

The last assembly held at this time was at Isidore Dumont's, Gabriel's father's place. People were asking themselves what means they were going to use to effectively have their rights respected; they were discouraged, so an English Métis, called Andrew Spence, said: "There is only one man able to help us: that's Riel."

That is how the idea to get him to come was suggested, an idea that everyone immediately accepted as being the only one that led to salvation[2].

It was indeed Riel who had in his possession the treaty negotiated between the government and the Métis in 1870, the authentic document upon which the current claims depended. It was immediately decided that they would try to

[1] In June of 1881, 35 Métis, established since 1860 on the banks of the Qu'Appelle River, sent petitions to the Lieutenant Governor of the North-West Territories (the future provinces of Alberta and Saskatchewan), Edgar Dewdney, asking that their rights be respected. On September 4th, 1882, 47 Métis from Saint-Antoine-de-Padoue on the South Saskatchewan River, including Gabriel Dumont, presented their claims to the Prime Minister of Canada, Sir John A. Macdonald.

[2] During one of the assemblies of the Métis of the Saint-Laurent in Batoche, on March 24th, Gabriel Dumont asked the French and English Métis to unite in order to defend their rights. During this assembly, it was recommended that Riel be called upon to come to their aid. However, it was only on May 6th, in Prince Albert, at the Lindsay School, during a meeting presided over by an Anglophone Métis, Andrew Spence, that the decision was written up.

bring Riel to Saskatchewan to help the petitioners with his personal insight and the weight of the document he had with him, or at least they would ask him for a copy of the treaty that would constitute a decisive argument against the government. "These papers Riel had," said Gabriel, "were found by Baptiste Rocheleau after the battle. He would have given them either to the priests in Winnipeg, or to a man named Campeau from Montreal who came to Batoche with [François Xavier] Lemieux[1] after the Rebellion."

To go get Riel, the people chose as delegates Gabriel Dumont and James Isbister; during their absence, the people in the assistance had to take care of their families. Moïse Ouellette and Michel Dumas voluntarily joined them, as they too wanted to see Riel and speak with him in case he did not agree to come. [Calixte] Lafontaine and [Philippe] Gariépy, who were going to Lewistown to get the former's mother, accompanied them as well for a good part of the way.

Gabriel Dumont had a small wagon with just one place to sit; Moïse Ouellette and James Isbister each had a two-horse Express[2].

"It was the first time," said Gabriel, "that I was going to Montana, but I knew the distance to St. Peter's Mission. And I said before leaving: 'The 15th day after I've left here, you'll think I will be near.' And indeed, they left May 19th and on the morning of June 4th, they arrived at St. Peter's Mission.

That is where Riel was a teacher with the priests[3]. It was exactly eight o'clock when they entered the mission's yard; mass had just begun. The travellers entered the small house where James Swain[4] lived. They asked about Riel and were

---

[1] François-Xavier Lemieux was one of Riel's lawyers during his trial in Regina.
[2] An Express is a 4 wheeled cart mostly used to transport merchandises.
[3] Louis Riel worked as a teacher at the Jesuit mission of St. Peter near Sun River.
[4] The original manuscript reads "Jimie Swan".

told he was at mass, as was his daily routine. Gabriel, speaking to a spinster called Arcand who was nearby, asked her to tell Riel that some people had arrived and wished to speak to him immediately.

Riel left the chapel and went towards Swain's house, and Gabriel, seeing him come, went to meet him and held out his hand. Riel shook it, and keeping it for a long time in his own, said to him: "You are a man come from afar, it would seem; I do not know you, but you, do you know me?"

"Of course," replied Dumont, "and I think you should know me as well. Do you not remember the name of Gabriel Dumont?"

"Perfectly," answered Riel, "I remember quite well[1]. I am very happy to see you again, but forgive me, I must return to hear the mass. Wait for me at my place, over there, the house beyond the little bridge. My wife is there and I will meet you there shortly."

Upon returning from mass, Riel asked about the reason for the trip undertaken by the visitors from the North-West [Territories] and they told him that he himself was the reason for their visit.

Riel was both surprised and flattered by what he heard, and in the response he gave, Gabriel Dumont remembers these words: "God would like you to understand that you are on a good path, because you have come as a group of four, and have arrived on May fourth. And you would like a fifth person to return with you, but I cannot answer you today. Wait until tomorrow morning and I will give you my decision."

"We are really in a bit of a hurry," said the emissaries, "and we would have liked to leave tomorrow, but all the same we will wait for your answer."

---

[1] Dumont would have met Riel in June of 1870.

The next day, when they asked Riel about his decision, he replied: "Fifteen years ago, I gave my heart to a nation and I am ready to do the same again today, but I can't leave my small family behind. If you can arrange it to take us all, I will leave with you."

"That's good," said the others, "with our three wagons, we can make room for you." Riel had a wife, a son about four years old and a daughter about two years old[1]. But Riel added: "I cannot leave for another eight days. I have been hired as a teacher here and I must arrange everything because I want to leave honestly."

They agreed then to wait and give him the delay he asked for and on the eighth day, they began their journey.

A few days later, they arrived in Benton (Montana); Riel went to mass, and after mass, he went to speak to the priest to ask for his blessing. The priest replied that he did not know why he was asking for his blessing.

However, as they had to stop and stay there for over twenty-four hours in order to let the horses rest, Riel went back to mass the next day. And then the priest himself sought him out and said to him: "If I answered you the way I did yesterday, it was because I did not think my blessing could be of any use to you; however, if you still desire it, I can give it to you now."

Riel accepted and left to find his companions so that they could all receive the priest's benediction together. Only Gabriel Dumont agreed to go to the church for this reason; Riel also brought his wife and two children, and all five kneeled at the communion table where they received the blessing they had asked.

---

[1] Louis Riel married Marguerite Monet dit Bellehumeur "*à la façon du pays*", that is to say in front of witnesses but without a priest, on April 28th, 1881. The marriage was blessed at St. Peter's Mission on March 9th 1882. They had three children: Jean-Louis, born in 1882, who died in a traffic accident in 1908; Marie-Angélique, born in 1883, who died of tuberculosis in 1896, and, in October 1885; a male child who died two hours after his birth.

Immediately afterwards, they hitched up their horses and left. En route, Gabriel Dumont composed a commemorative prayer of this blessing. Here it is, just as he dictated it to me, in his own words: "Lord, test my courage, and my belief and my faith, for the holy blessing I have received in Your holy name, so that I may think about it all of my life and at the hour of my death. May it be so."[1]

The twenty-second day after their departure from St. Peter's Mission, they arrived at Fish Creek where about sixty Métis had come to meet them. And that night, they all went out to camp at Gabriel Dumont's: some of them in his house, and most of them in their own tents. That was June 5th, 1884.

The next day, they began their journey to Batoche. Gabriel went ahead, to beg Father [Julien] Moulin[2] to lend them the church where Riel would give a speech. But the number of people was so great when they arrived there that the church was too small. So it was outside, behind the church, that Riel spoke to the crowd who had greeted him. He spoke of their rights, the treaty, etc.

Riel stayed awhile at Moïse Ouellette's place. Then he went to Charles Nolin's where he stayed with his family until the rebellion.

The following summer and winter were spent holding assemblies and writing petitions (Gabriel Dumont does not remember that Riel ever spoke of buying the Prince Albert newspaper, which is what [Jean] Caron had told me).

---

[1] During the events Gabriel Dumont was quite loyal to his leader. A spiritual bond united them.

[2] Father Julien Moulin (1830-1920), Oblate of Mary Immaculate and missionary, originally from Ille-et-Vilaine (France), arrived in the Red River Settlement in 1858. He was posted at the Mission of Saint-Antoine de Batoche in 1882 where he worked until 1914. In 1883, he opened a school in Batoche; he was also the post-master there for several years and was injured during the 1885 rebellion. In the Batoche district, he was called "Père Caribou", after a Chief from the Hudson's Bay Company erroneously misunderstood the English term "dear" for its homonym "deer".

One of the last assemblies was held at Joseph Halcrow's[1] place, in February of 1885.

No one ever responded to a single petition: they were addressed to the government in Ottawa.

In the end, Riel and the other principal activists of the movement ran out of patience, and one day, it seems, someone was heard to say: "They should at least answer us all the same, whether they say yes or no[2]. And they cannot say no, because we only ask them to keep their promises. So, they must respect our rights, or else we will have to rebel again."

However, one must not believe that in the mind of the Métis this notion of rebellion had, at the time, such a tragic meaning as it has since taken on.

They remembered the Rebellion of 1870 which had, all in all, been extremely peaceful and in which the only victim, [Thomas] Scott[3], owed his tragic ending to his own excessive fanaticism. And even at this time, when speaking about the Rebellion, the Métis had assuredly in mind only another more or less noisy demonstration, threatening to the point at which it would be effective in acquiring the promised rights, but it is almost certain that bloody images did not appear in anyone's thoughts at that time.

For there is not a more docile people, as disinterested in material goods as the Métis. And I am certain, that if one had given the more cool-headed Métis the alternative of renouncing their rights rather then winning them through bloodshed, there would not have been a single one of them who would have made the sacrifice; they would have been slightly vexed at first but then would have said cheekily: "Let them keep their rights then! Who needs them anyway!"

---

[1] Halcrow is spelt "Arcroux" in the original manuscript.

[2] "Yes and no", in the original manuscript.

[3] The Orangeman Thomas Scott was imprisoned then executed by Louis Riel's Provisional government in 1870.

But there was [Lawrence] Clarke, the chief factor of Fort Carlton who was returning from Winnipeg through Qu'Appelle. When passing the Crossing at Batoche, he asked those who were there: "Well! Are they still holding meetings?"

"I sure think so, more than ever! They have some almost every day," someone answered him.

And Clarke replied: "That's good! That's good! They won't have them for much longer! There are eighty policemen[1] coming; I met them in Humboldt and tomorrow or the day after tomorrow, Riel and Gabriel Dumont will be taken."

Naturally there was a big commotion.

The following afternoon, a general meeting was called in the church. Riel and Gabriel were standing with their backs leaning against the altar. Gabriel Dumont announced the latest news to the crowd: "The police are coming to capture Riel," he said, and he added, while speaking to the public: "What will you do? Here is a man we travelled seven hundred miles to seek out, will you let him be taken out of our hands like this? You must decide."

Riel spoke in turn more or less in these terms: "Yes, we send petitions, and they answer us by sending the police to come and get us, Gabriel Dumont and me, but I believe that in the end," he continued, "that it's me that's causing you trouble. The government hates me because once before I made them give in, and this time they do not want me to be the strongest one. And so, I think it would be better if I left; I will leave you and once I have left, perhaps then will you obtain what you have been asking for more easily. Yes, I really believe that it would be better if you took me back to Montana."

---

[1] In fact, on the morning of March 18th, 100 North-West Mounted Police (NWMP), under the command of Commissionner A. G. Irvine, left Regina for Fort Carlton.

But voices from the crowd interrupted him and cried: "No, we will not let you go, we went to get you so that our rights might be respected and you must not abandon us now."

"Well," said Riel, "then I will have to desert you!"

"If you do, we will all desert with you!" they answered him.

Gabriel then spoke and said "This is what would be best, however, that he leaves and crosses the border[1], that way, he will not be exposed to insults and be taken prisoner with me."

"They will not take you prisoner! Don't be afraid of that!" came cries from the crowd.

"And what will you do then?"

"We must take up arms, then, so that no one lays a hand on you!"

"What are you saying?" answered Gabriel. "You speak of taking up arms. What arms do you have with which to battle the government? And how many are you?"

"Yes, we will take up arms, if we must," they cried more and more loudly. Riel neither spoke nor moved.

And Gabriel continued: "Yes, I know, I know them all as if they were my own children. I know you well enough to know who will take up arms. It's fine to be resolute, but not too much. And so I ask you again, how many of you will take up arms? Those who wish to fight, raise your hand."

But instead of simply lifting a hand, here the whole assembly stood as if a single man. They shouted for joy and cried: "If we must die for our country, we will die together!"

However, Gabriel Dumont remained coolheaded. As the real military chief of the populace, capable of many heroic

---

[1] The French text uses the expression "passer les lignes", which could in another context refer to crossing enemy lines. In this case, however, it is used to express the idea of crossing the American border.

deeds in the face of danger, but calmly measuring it in advance, he said again: "I see that you are all quite decided but I think that perhaps you will be quickly tired and discouraged. I myself will not surrender. But how many will stay with me? Two or three?"

"We will all stay till the end!" they yelled from every direction.

"Come on, then, if you want," said Gabriel, "that's fine. If you really want to take up arms, I will march at your head as I've always done up until now."

"Oh, well! If you want to march at our head, that's good! Let's take up arms! Let's take up arms!"

And it was done! The armed rebellion had just been declared. After the news Clarke brought, that the police were coming to capture Riel, no one thought at this time of a military insurgency. Perhaps it would have come to that, but in any case, before that they would have exhausted all other peaceful means to win their case.

It was Clarke who had lit the powder keg by spreading this news which was untrue; he had invented it to instil fear in the meeting organizers[1]!

When they had thus decided to take up arms, they left the church; about thirty men went to get their weapons at home, then returned and went towards Norbert Delorme's house [now known as Ladéroute]. The crowd stayed there with Gabriel Dumont, while Riel, accompanied by Napoléon Nault, went and explored the area surrounding Fish Creek.

Gabriel then said: "Now, when I see a government man, I will take him. You will perhaps think I'm going too far. But no, from the moment you take up arms, you have to rebel completely, otherwise it's not worth it."

At almost the same time, the Agent for the Indians

---

[1] Afterwards Lawrence Clarke denied that he had ever made such a statement.

arrived, accompanied by his assistant, they were coming from the reserve: "I am taking you prisoner", Gabriel said to him[1].

"Ah, and why?"

"It's just that we have taken up arms against the government and we are taking prisoner all the government men who pass."

"All right then," the agent said, "go ahead."

A while later, they heard a wagon coming from the Crossing. Gabriel Dumont recognized George Ness[2] and went to stand in the road in order to stop him. The other man was whipping his horse.

"Stop," Gabriel cried. George Ness urged his horse to go faster.

"Stop, I told you." Gabriel repeated, and since George Ness was whipping his horse again, "If you don't stop, I'll shoot your horse," cried Gabriel, putting his hand on his rifle.

This time George Ness stopped.

"Where are you coming from?" Gabriel asked him.

"I don't have to tell you what kind of trips I take."

"People don't have to tell when they are honest trips. But in your case, these are not honest trips, you go to Duck Lake to tell them what we are doing. And I am going to make you my prisoner."

"But my horse, I have to take him."

"No, your horse is my prisoner too!"

"But I had gone to get medicine for my wife who is sick and I have to bring it to her."

---

[1] They were John Bean Lash, agent for the Natives of the Fort Carlton region, and his interpreter William Tompkins.

[2] In the original manuscript, the author had written "Jordinès" or "Jardine", probably a phonetic transcription of George Ness pronounced in English. George Ness was a farmer and a magistrate from Batoche, who, while visiting Fort Carlton, had informed major Crozier that the Métis were getting ready for war, and that Gabriel Dumont had tried to persuade the Cree from the One Arrow Reserve to come help the Métis rebel.

"Give it to me," said Gabriel, "and I will have someone bring it to her." They brought her the medication and George Ness remained a prisoner.

At this time, Riel returned and asked: "What's new here, since I left?"

"What's new," replied Gabriel, "is that I have already taken three prisoners."

"Ah, ah, that's good!" said Riel.

Then they returned to the church. They stopped at Ludger Gareau's[1] house, which was chosen to be the meeting place for the council.

That night, pillaging of Baker's store[2]. (This took place on March 18th.)

That very night, pillaging of Baker's store, and the arrest during the night, of two people who were repairing the telegraph[3]. They were taken by Captains Isidore Dumont and Augustin Lafontaine, and by the men they were leading.

Gabriel had stayed at Batoche. When he learnt that they had taken two prisoners, he crossed the river and came to meet them: "Have you disarmed them?" he asked.

And as they answered no: "Ah, well! You make funny captains!" he said. He visited them himself, but they were not carrying any weapons.

---

[1] In the original text, the author has written "Jarreau" instead of Gareau. Ludger Gareau was a French Canadian who came to Batoche in 1878. He built the church and presbytery. He was absent during the battle of 1885.

[2] The Métis seized arms and ammunitions stockpiled in the Walters and Baker stores. Riel's intentions were to take control of Fort Carlton in order to force Sir John A. Macdonald into negotiations.

[3] They were Peter Tompkins and John McKean. In fact, both men were arrested at Batoche, and then escorted to Norbert Delorme's place.

Mitchell and Tom McKay
on a Peacekeeping Mission

[Hillyard] Mitchell and Tom McKay came to the council at Gareau's house to try to calm everyone down[1].

Tom McKay accused Riel of being the author of all the unrest. He said, "I don't think Gabriel understood what he was doing, he was tricked." And someone answered him: "Tom, you are right, I am not educated, but when I'm told something, I understand. I am not mistaken as often as you are, because you are setting yourself up against us, and yet you are Métis too, and you are entitled to the same rights as us. I don't know if you even have a spoonful of common sense. Your blood is water. If it weren't for your associate, I would make you my prisoner." Mitchell was indeed not saying anything at all.

It was decided that Riel would send two men who would meet up with two from the police coming from Carlton, so that they could bring him back some information. The two men sent by Riel were [Charles] Nolin and Maxime Lépine. They did indeed meet with the policemen and no one knows why, but the policemen didn't give them the papers[2].

---

[1] Fort Carlton's commander, Crozier, decided to send Hillyard Mitchell and Tom McKay, a Scottish Métis, so that they could negotiate with Louis Riel. Riel asked Mitchell to return to Fort Carlton to ask Crozier to cede the fort to the Métis. Mitchell came back to Batoche with the commander's response, but Riel refused to go to Fort Carlton to negotiate.

[2] In fact, a short distance east of Fort Carlton, Lépine and Nolin met Tom McKay and another man sent by Crozier. Crozier was asking the Métis to give up their leaders and if they did so, they would be set free.

Canadian troops in a coulee en route to Long Lake, Saskatchewan. Note telegraph poles. Photo taken by O.B. Buell during the 1885 North-West Resistance. (Glenbow Library and Archives – NA-3205-3)

Members of 10th Battalion, Royal Grenadiers, Toronto, en route to battle-front in ox-drawn wagons. Photo taken by O.B. Buell during the 1885 North-West Resistance. (Glenbow Library and Archives – NA-3205-2)

The Pillaging of Mitchell's Store [March 24th]

It has been reported here that Mitchell had said: "If they want to come and rob my store, I'll greet them with my pitch fork!"

Gabriel then said to Riel: "We are giving them too much of an advantage; they come from Duck Lake to spy on us right up to the ferry crossing. And so why don't we take Mitchell's store. We have taken weapons and we are staying put; if we want to take this further, we will at least need provisions."[1]

"But," said Riel, "it won't be easy, they won't let us come and steal from them like that."

"Give me ten men," said Gabriel, "and I'll take care of it." Riel accepted and Gabriel chose ten men among those he thought were the most resolute: Édouard Dumont, Philippe Gariépy[2], Baptiste Deschamps, Baptiste Arcand, Baptiste Ouellette, Norbert Delorme, Joseph Delorme, Augustin Laframboise.

They left Batoche soon after noon. Mitchell was warned of their approach. When they arrived, the store was closed. His English Métis, Magnus Burnstein, a farmer near Duck Lake, was nearby: "Where are the people from the store?" Gabriel asked him.

"They fled."

"Oh well, that's good," said Gabriel, "we'll knock down the doors." And just as he was about to do it, "Here," said Burnstein, "they've left me the keys, here they are."

---

[1] Duck Lake was a strategic point because its occupation would have permitted better control of the trails leading to Prince Albert and Fort Carlton. The Métis were afraid that Crozier would set up a base there in order to spy on their activities.

[2] In the original text, the transcription has written Gadupuy instead of Gariépy. The people in the region said "Gardepuis".

Militia troops breaking camp at Guardapuis' [Gariépy's] Crossing, Saskatchewan. Photo taken by James Peters in 1885. (Glenbow Library and Archives – NA-363-63)

Troops crossing the South Saskatchewan River at Guardapuis' [Gariépy's] Crossing, Saskatchewan. Photo taken by James Peters in 1885. (Glenbow Library and Archives – NA-363-56)

They went into the store, but all the ammunition had disappeared. They found bags of lead though, even in the outhouses.

They stayed there briefly. Soon afterwards, they were advised that Riel was coming with all the people from Batoche.

When they had arrived, Gabriel took his ten men again to go watch the road to Carlton, he worried that the police could come and surprise them.

They crossed Duck Lake on the ice and stopped at the reserve[1]. They took care of their horses there. Night was falling. Gabriel then selected two of his men, Baptiste Arcand and Baptiste Ouellette, to go watch the road. They soon returned to say they had spotted two policemen.

Gabriel Dumont took along his brother Édouard, Baptiste Deschamps, Philippe Gariépy and an Indian who had asked to accompany them and, having left the others at the reserve, started to chase the two policemen. Gabriel was riding bareback on a Canadian grey horse.

"If they try to defend themselves," he said, "we will kill them, otherwise we won't harm them."

They followed, sometimes galloping, sometimes slowing to a trot. It was a beautiful moonlit night. They spoke only in low tones. They were going to the exact spot where the meeting was to be held the following day, when on the big hill, upon coming out of the outskirts of the woods, they saw the two policemen who were leaving, walking in step, side by side. They continued to approach them, without being noticed. They were getting near to the rise of the big hill when they were at a good distance to start attacking them: "When I yell 'Ah!' let your horses loose," said Gabriel, "and we'll catch them."

---

[1] Beardy's Reserve, that is to say Chief Kàmiyistowesit's Reserve (Beardy or also known in French as *Petit-Barbet* or *Barbu*).

There was a hard crust on the snow and it was impossible to leave the path. Gabriel, who had taken the best horses, was sure he could reach the two Canadians in a short distance. But he waited until they had completely climbed up the hillside so that the horses would have a good foothold for the attack. Then "Ah!" All the horses leapt forward. They had already reached the two policemen before they had even had the time to think of fleeing. Gabriel, who was always in the lead, was standing to the left of one of them: "Stop," he told him, "if you try to flee, I'll kill you."

"What?" said the Canadian, "I'm a land surveyor."

"What nonsense," replied Gabriel, "no one surveys land at this hour." And while he was talking, he brought one leg over his horse's neck and wrapped his arms around the policeman and pulled him down to the ground with him.

Philippe Gariépy and Baptiste Deschamps had started to chase the other policeman. As he had a slight lead on them, and because the path was blocked by the first policeman and Gabriel, they could not reach him, although they were very close behind. Then Baptiste Deschamps said: "I'll shoot him." The policeman undoubtedly understood; he turned around to look behind him, and perhaps he made a gesture with his hand which caused his horse to change his step at the wrong time. So the horse tripped and the policeman fell. Philippe Gariépy could not stop his own horse on time and rode straight by him. Following him, Baptiste Deschamps, without completely stopping his own horse, jumped to the ground onto the policeman and seized him around the waist. At the same time, Philippe Gariépy was coming to help him.

Gabriel Dumont, after having disarmed his prisoner, went to the one just captured and disarmed him as well. "You are my prisoners," he said, "I'm taking you to Duck Lake." The policemen asked for their horses. "No, we can't do that," said Gabriel, "we won't give you yours, we'll give you other

ones." He chose the worst and the ones without saddles, but the policemen preferred to travel on foot.

When they arrived at Mitchell's store, one of the policemen was recognized as Sheriff Ross[1].

"He's not a Sheriff tonight," Gabriel said happily, "because I'm the one who has made him my prisoner." And they were put with the other prisoners brought in from Batoche. Immediately afterwards, Gabriel Dumont left again with his men to keep watch over the Carlton Trail. They took up the same observation points, but did not see anything else.

When daylight came, they thought that the police would no longer risk sending scouts and they withdrew. They had just arrived at Duck Lake and were putting their horses in the stable when someone cried: "The police are here!"[2]

There were three policemen, in fact, who had come to scout the area up to Duck Lake. The Métis ran to get their horses to give them chase. Several had already left while Gabriel was still bridling his horse; and as he always wanted to be the leader, he had to catch up to them. So instead of following the path, he headed straight through the snow, quite confident his horse would manage; but he hit big snow drifts which his horse could hardly get through and he lagged further behind. He was about a quarter of a mile behind Jim Short and Patrice Fleury.

They had run behind the three policeman and caught up to Tom McKay and told him: "Run away fast, because Gabriel Dumont has taken two of your men prisoner last night, and he'll take you prisoner too, if he can catch you."

---

[1] Crozier, who was afraid that the Métis would intercept Commissioner Irvine, sent Harold Ross, Prince Albert's Deputy Sheriff, as well as John W. Astley to spy on the Métis' activities.

[2] On March 26th, 1885, Sergeant Alfred Stewart from the NWMP and eighteen men who were accompanying him in eight sleds left for Duck Lake: four scouts and Tom McKay preceded them.

Édouard Dumont had caught up to Jim Short and Patrice Fleury; while chasing the three Mounted Police, they arrived where most of the troop was gathered. There were twenty sleighs there. These had been stopped and placed sideways, probably in order to prepare a defence or an attack. As they [the Métis] approached, one policeman yelled from one of the sleighs: "Stop or we'll kill you!"

They then stopped, staying on their horses. Gabriel, who was coming from behind them, said: "But what are you doing? Why are you staying on your horses? You can very well see that they want to shoot you. Get off your horses so you can defend yourselves!" Gabriel himself got off his horse and gave it a slap on the neck so that it would leave. Then he advanced towards the police. When he was about twenty-five yards away, a Sergeant in the second sleigh yelled to him: "If you don't stop, I'll kill you." And at the same time, he aimed his carbine at Gabriel. "Don't do that," Gabriel yelled back, "because I'll shoot you first." And he himself shouldered his weapon and aimed at the Sergeant.

So the other man then put his carbine down across his knees. While this was happening, Gabriel had again taken a few steps forward, so that he was now about fifteen yards away from the Sergeant. In two or three bounds, he was at the sleigh before the Sergeant had had the time to pick up his carbine again. He hit the Sergeant in the stomach with the barrel of his gun and made him fall backwards in the sleigh. Then, while lifting his gun, and because he was wearing gloves, he unintentionally fired a shot into the air.

The Sergeant got up from the bottom of the sleigh and made as if he were menacing Gabriel with his weapon. "Don't move," the latter said to him, "otherwise I'll kill you." Tom McKay, who was on his horse and a short distance away, then yelled to Gabriel: "Be careful! Something terrible will happen if you continue!" And Gabriel replied: "You be careful instead;

everything that is happening is your fault. You are the one who brought the police here and if something happens, it will be your fault. Don't you know there are some Canadian Métis who care less about death than you do?" And as Tom McKay was replying, Gabriel ran towards him with his carbine in his hands with which to hit him. Tom McKay wanted to turn his horse around; but the horse's hind legs stepped off the beaten track, which was quite high, and sunk deeply into the snow so that the rider found himself very low, and this gave Gabriel the chance to hit him. He had already started the blow when the horse, believing it was the one to be hit, moved abruptly and jumped back onto the path. The end of the carbine's barrel slid over Tom McKay's backside and he spurred his horse; as he was rushing forward, Gabriel let go another blow on the horse's rump.

A policeman in another sleigh then signalled to Gabriel Dumont that he would shoot him. But Gabriel aimed for him as well, and the policeman lay his carbine down across his knees. At the same moment, all of the sleighs started off.

Jim Short and Patrice Fleury had stayed behind on their horses. Only Édouard Dumont had gotten off his horse, at his brother's command, and he had also drawn nearer, while Gabriel was talking in such a warlike fashion. And when the sleighs began to move, Édouard Dumont ran to the first [sleigh] and tried to climb on by grabbing onto the reigns of the harness, because he had thought of taking the entire convoy prisoner. But he was pushed off and he rolled into the snow; and all the sleighs left, the horses galloping in the direction of Carlton.

Jim Short yelled insults after them, but Gabriel told him: "Try to be quiet! You couldn't get off your horse's back a while ago and now that they're leaving, you're shouting nonsense at them. If that's why you came, you might as well stay home and keep your feet warm!"

Gabriel and his three men returned to Duck Lake. The others lagging behind, retraced their steps and returned with them.

Once again, they put their horses in the stable and had breakfast; they had just finished eating when once again, someone came to warn them that the police were coming[1].

They all left and waited for them on the slope of the big hill.

They met a party of scouts and pursued them right up to the bulk of the troops.

As they followed them, Gabriel said to his brother Isidore: "We mustn't shoot first; we'll try to take them as prisoners; it's only if they defend themselves that we'll shoot too."

When they reached the police, Gabriel saw that all the sleighs had left the road, leaving the path free for him, but they were definitely getting ready to fight. Not far from the road, there was a small depression. He didn't hesitate; he also left the road, ran towards this hollow while yelling to his people to follow him. Twenty-five did, got off their horses and took up defensive positions.

Crozier[2] himself approached. Isidore Dumont and an Indian went to meet him. Crozier and the Indian [Asiyiwin] might have shaken hands. The Indian was completely unarmed. Then a policeman, an English Métis by the name of [Joe] McKay, approached in great strides with his horse. The Indian rushed towards him and wanted to remove his rifle. He did not succeed. It was generally believed that the police-

---

[1] Sergeant Alfred Stewart had sent a courier to warn the Superintendent of the NWMP Leif Crozier about what was about to happen. Crozier wanted to wait for Irvine's reinforcements, but was influenced by the volunteers and Lawrence Clarke. When they insinuated that he was a coward, Crozier decided to head for Duck Lake.

[2] Lief Newry Fitzroy Crozier, a member of the North-West Mounted Police since its creation in 1873, was, as of May 1884, Commander of the Battleford Saskatchewan detachment.

man then shot the Indian who was the war's first victim[1]. But Gabriel thought that it was his brother Isidore instead who had been shot first. "Because," he said, "the Indian was without a weapon, whereas my brother had a rifle in his hands. And logically the policeman would first shoot an armed man if he did not in turn want to get shot himself. Moreover," Gabriel added, "if the policeman had first shot at the Indian, there is no doubt that my brother would have immediately shot him. However, my brother was shot without having fired his rifle; we found it lying by his side."

Besides, Édouard Dumont said that after the first shots, he saw the Indian still standing and he stood even as the others approached, and although he did not see the moment the Indian fell, he was not the victim of the first shot.

This Indian was Charles Trottier's god-child. He was not killed instantly; he only died as he arrived at Duck Lake.

At the sound of the first gunshot, Gabriel said: "Get up and shoot." The battle lasted twenty minutes.

Riel was in the small hollow with the Métis[2]; he was on a horse, with a crucifix in one hand that he held high. He did not get off his horse even though he was quite exposed because the small hollow was not deep enough to hide a man on horseback.

As the Métis threatened to take the enemy from behind, the latter gave the signal to leave.

At that moment, Gabriel who was hiding behind a small bluff, saw a sleigh through the branches. He thought to himself: "When they come to get that sleigh, I'll take care of them." And sure enough, a policeman appeared right in front of him; a shot to the head made him tumble into the sleigh.

---

[1] The Cree Asiyiwin or Assiwin, one of the Captains of Chief Beardy's reserve, was taken to Mitchell's store where he died that same night. It would seem that it was Crozier who gave "Gentleman" Joe McKay the order to shoot Asiyiwin; McKay then shot Isidore Dumont with his revolver.

[2] At the sound of the gunshots, Riel left Batoche with seventy men.

And then he yelled to his people: "Take courage! Follow me, I'll get them all to climb into their sleighs, but wait!" And he ran forward, towards the fleeing enemy.

Right at that instant, he fell back, sitting down in the snow. A bullet across the top of the head had dug into his skull and ricocheted off while making a whistling sound. The blood[1] started gushing into the air. "Ah! They're killing you", cried [Joseph] Delorme, but Gabriel answered him: "When you're shot in the head and you don't lose consciousness, then you don't die from it." At the same time, he yelled over to Baptiste Vandal: "Cousin, come take my carbine!" Baptiste Vandal put down his useless rifle and picked up Gabriel's fourteen shot[2]. "Here, and take my bullets too" he added. Vandal was untying the ammunition belt of his revolver: "No, not that one," said Gabriel, "untie the other buckle!"

"I tried to get up on my knees," Gabriel said, "but it was the belt holding the revolver's holster which was holding up my pants; and since Baptiste Vandal had not done it up again, my pants kept falling."

His brother Édouard then came, pulled him to the edge of a small gully and slid him in by pushing him, to put him under cover.

Augustin Laframboise was lying nearby. He crawled over to him and tried to get up on his knees to make the sign[3] over his body. But he fell onto his side saying: "I can't right now; wait a while, just a moment." But Laframboise was already dead from a bullet through the body.

By now the English were completely in retreat[4]. Édouard

---

[1] The manuscript reads "flank (flanc)" instead of "blood (sang)".

[2] A fourteen-shot Winchester rifle, that Gabriel Dumont called *"le petit"* (little one).

[3] The sign of the cross.

[4] The policemen were hidden behind the sleighs and the trees, but the volunteers, without any experience, rushed the house where all the Métis were. They got stuck in a meter of snow and were the first victims of the battle.

Dumont yelled: "Let's run after them! We will destroy them!" But Riel, still holding his crucifix in his hand: "You've done enough as it is. Let's go now!"

They put Gabriel on a horse and tied kerchiefs to his head. While passing by the body of his brother Isidore, he got off the horse, but could do nothing but verify that he was dead.

A bit further away, someone told him that behind a bluff lay a young volunteer who had been hurt in the leg. He went around the fence and went to him. He wanted to kill him. "Boy! This is a good find," he said to him. He searched for his revolver; but it was just behind his back; he couldn't reach it from the left nor from the right. While he was trying to grab it, Riel arrived and stopped him from killing him [the young volunteer]. I asked Gabriel Dumont why he wanted to kill this injured man: "He had come to fight us, and I was angry that they had killed my family members and that they had wounded me with a bullet that had grazed the top of my head."

They carried this injured man with their own.

They arrived at Duck Lake before noon. Upon their arrival, Riel made everyone stand in line and said: "You can congratulate yourselves for having a leader like Mr. Dumont. We will give three cheers for him." And Gabriel was saluted with a triple hurrah.

As the English had left several of their dead on the field, Riel had them informed that they could come and retrieve them.

In order to do this, he sent them the prisoner[1] taken at Humboldt, carrying a letter in which both Riel and Gabriel Dumont gave their word that they would not interfere with this task. They gave the prisoner a buggy with a horse in order to get to Carlton.

---

[1] It was Thomas Sanderson.

Some of the participants in the 1885 North-West Resistance photographed by O.B. Buell during their trial in Regina in July-August 1885. Sitting, from left to right: Horse Child (youngest son of Big Bear); Big Bear; Alex D. Stewart (Chief of Police, Hamilton); Poundmaker. Standing, from left to right: Louis-Napoléon Blache of the North-West Mounted Police; Reverend Father Louis Cochin, o.m.i.; Superintendant Richard Burton Deane; Reverend Father Alexis André, o.m.i.; Christopher Robinson, Queen's Counsel. The Aboriginals are holding pipes issued as an inducement to pose. (Library and Archives Canada - Ref. No.: C-001872).

§ § §

Left: Group photograph of Métis and Native prisoners from the 1885 North-West Resistance photographed in Regina in August 1885 by O.B. Buell. From left to right: 1. Ignace Poitras; 2. Pierre Parenteau; 3. Baptiste Parenteau; 4. Pierre Gariépy ("Guardepéey Pierre"); 5. Ignace Poitras Jr.; 6. Albert Monkman (Métis Council); 7. Pierre Vandal (Métis Council); 8. Baptiste Vandal; 9. Joseph Arcand; 10. Maxime Dubois; 11. James Short; 12. Pierre Henry; 13, Baptiste Tourond; 14. Emmanuel Champagne (Métis Council); 15. Kit-a-wa-how (Alex Cagen, ex-chief of the Muskeg Lake Indians). (Library and Archives Canada – PA-118760)

He delivered the letter; but the English feared it was a trap. Not only that, they accused the messenger of being an accomplice in the ambush, and they in turn took him prisoner.

Gabriel Dumont wanted to go to l'*Épinettière*[1] to stop the police. But Riel was opposed to this and said it was too barbaric to go attack them at night. Gabriel was very unhappy with Riel's opposition and told him: "If you give them the advantage like this, we won't succeed."

Fire at Fort Carlton[2]. Some Métis who were not too far away saved part of the goods.

Saint-Denis[3] said: "If they had come to l'*Épinettière*, they would have destroyed us all. I myself was exhausted with fatigue; I slept as I walked because it was the second night I had not slept."

When the police arrived in Prince Albert, the prisoner who had brought Riel's letter protested again that he had good intentions. They finally believed him and set him free. The day after the battle, as the bodies were swelling under the sun, Riel sent two sleighs and hauled the bodies back to one of the small houses where the battle had taken place.

It was two days later that three sleighs arrived from Prince Albert to take away the dead. The prisoner who had been sent, as well as Jackson, the brother of Riel's secretary, accompanied them[4]. They went all the way to Duck Lake. There they made them unharness the horses and then take

[1] There was a wooded area, a spruce grove near Fort Carlton on the trail leading to Prince Albert. This grove was next to Maxime Lépine's house, halfway between Saint-Laurent and Saint-Louis.

[2] The fire at Fort Carlton started accidentally on March 28th, at around one o'clock in the morning, while the NWMP were abandoning it.

[3] Probably Louis Saint-Denis also known as Joseph Saint-Denis.

[4] The Anglophone Métis from Prince Albert insisted on seeing the letter. They were surprised to read that they would be allowed to pick up their dead. Eventually, Crozier asked William Drain and Thomas Jackson to accomplish this task.

care of them. They took away nine dead bodies. Jackson's brother stayed with the Métis (he was the secretary who became crazy)[1].

The total number of Métis combatants was about two hundred men, including the Indians. But not all of them were armed, especially among the Indians. Many of them only had sticks. There was one who had as a weapon a piece of wood with a big knob at the end used to crush potatoes. The Sioux of Prairie Ronde (Saskatoon)[2] had not yet come. Some of them came before Fish Creek and the rest before Batoche[3].

In the small valley and in the two houses, there were in all about twenty-five combatants and it was only these men who played an effective part in the short battle.

It was during the battle at Duck Lake that [Charles] Nolin fled. He had not run at the enemy when we had cried: "Here come the police!" When he had heard the rifle shots, he became crazy with fear. He found a small whitish pony close at hand, belonging to Bélanger's daughter, and he fled, as everyone knows.

For some time already, he had been avoiding responsibilities. Although it was he who had prepared the rebellion and had always been one of the leaders, when he saw things were taking a deadly turn, he feared for his own safety and wanted to sneak away. One day Gabriel wanted to have him shot. He fled then to the Fathers of the Saint-Laurent Mission. Gabriel sent three men to find him.

They came back to Batoche in the following days. Then the Council met in George Fisher's house. Gabriel Dumont

---

[1] William Henry Jackson was Riel's secretary. His brother Tom Eastwood Jackson absolutely wanted to go to Duck Lake to take care of his brother William who was suffering from a nervous breakdown.

[2] Prairie Ronde is actually south of Saskatoon, near Dundurn.

[3] After the Métis' victory at Duck Lake, some of the Dakota/Sioux warriors from Chief Wahpahissco's Reserve (White Cap Reserve) at Moose Hills took part in the battle of Batoche.

lived in Batoche's[1] [Xavier Letendre's] house, where there were only Batoche's mother and children. Eugène Boucher, a clerk and Batoche's son-in-law (since then deputy), his brother Jean-Baptiste, Boyer and Fisher had left.

That's when they gathered all the families in Batoche. They ate the animals that the Sioux and Métis had stolen in the surrounding area, down by the English Métis' settlements. Because they had made a common cause in the beginning with the French Métis, but had since then stopped fighting alongside the French Métis, they were treated like enemies. They [the French Métis] also killed animals belonging to the rebels[2] themselves.

Gabriel Dumont

Riel, Gabriel, Isidore Dumont and the Indian [Asiyiwin] had rode out on horseback. Gabriel thought Isidore was shot while he was on his horse (doubtful). The Indian was shot while he was on foot, having left his small pony behind. In the hollow, Gabriel was fifty or sixty yards away from the Indian and Isidore. They knew that the police were at Carlton; but they had no intention of attacking them. Riel had come to Duck Lake only because he was afraid to remain alone in Batoche.

They heard about the fire at Fort Carlton the next morning.

Jackson's brother stayed with the Métis of his own free will, just to stay with his brother. He was the one who took care of the injured, with the policeman who had been taken prisoner in Duck Lake.

---

[1] "Batoche" was Xavier Letendre's nickname.

[2] It is unclear in the French text if the French Métis killed their own animals or those belonging to the English Métis, who were once their allies, but now their enemies.

Hilaire Patenaude[1] had wintered near Fort Carlton. He was sill there during the battle. He was the one who put out part of the fire in the Fort.

Fish Creek[2]

Upon hearing the announcement of [Frederic Dobson] Middleton's[3] arrival, Riel wanted to stay and defend Batoche. But Gabriel was of the opinion that they should go to meet the enemy, because, he said, "Those who are already weak and hesitant in advance, upon hearing the women and children cry, will no longer be good for anything!" This time Gabriel held to his opinion and on the 23rd they left to go meet Middleton. There were about one hundred and fifty, including Riel and Gabriel. They left Édouard Dumont at Batoche to watch over the prisoners.

They followed the main road near the river, some on horseback, some on foot. There were Métis, Cree and some Sioux.

From time to time, and quite regularly, Riel made everyone stop in order to recite the rosary.

Four miles past the coulee[4], at Roger Goulet's place, they stopped for supper. It was midnight. They killed and ate two animals. As they were finishing, Emmanuel Champagne and Moïse Carrière arrived, having been sent by Édouard who was asking for thirty men to help him, along with Riel or

---

[1] The original manuscript reads "Hilaire Patenôtre".

[2] Tourond's Coulee. It constituted the southern border of the Métis' territories.

[3] Middleton left Qu'Appelle on April 6th with four hundred and seven men and one hundred and two carts loaded with provisions. They rested two days at Humboldt, then advanced 50 kilometres south of Clarke's Crossing.

[4] Coulee: in the Canadian west, a small ravine cut out by a stream that no longer exists, or that exists only during the spring melt.

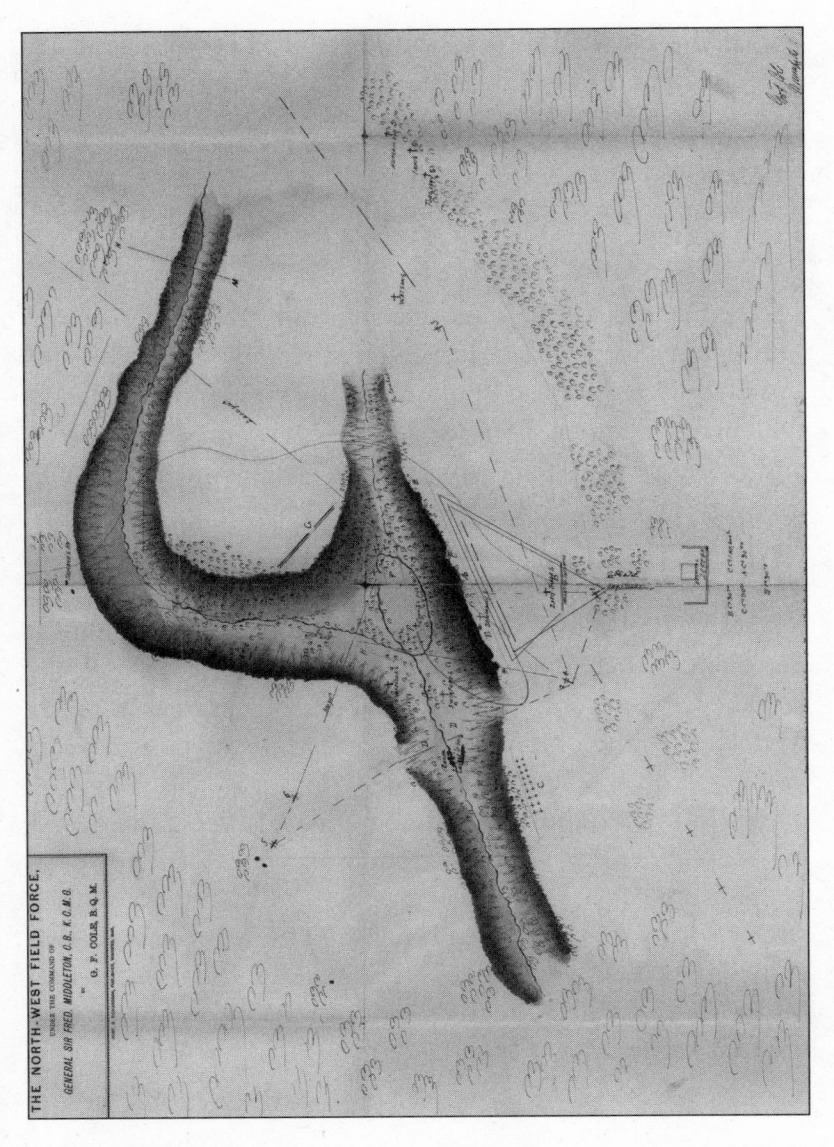

Map of the Battle of Fish Creek, April 24, 1885, drawn by George F. Cole, quartermaster of the North West Field Force. The map, along with advertisements of various Winnipeg merchants, was published in Winnipeg by Robert D. Richardson. (Collège universitaire de Saint-Boniface Archives)

Gabriel, because a police troop had been spotted on the main road to Qu'Appelle.

As for himself, Gabriel refused to turn back, whilst Riel, as he could not ask for better, offered to go. Most of the combatants were likewise leaving Batoche with regret, as they had, they said, their families to protect.

Riel asked fifty men to go back. Gabriel made everyone stand in line and designated those who should return. He remained with one hundred men.

They continued their march forward. "This time," said Gabriel, "we did not recite the rosary and we advanced more quickly." They went right up to MacIntosh's place; but it was already daybreak. The Sioux then said to Gabriel: "We must turn back, because we will not attack the government in the daylight, we don't have enough men."

And indeed, Gabriel's plan was to surprise the enemy's camps during the night, to set a prairie fire around them and take advantage of their ensuing confusion to massacre them. And it is quite likely that if the Métis had found the English camp that very night, that few of Middleton's soldiers would have escaped alive.

They then decided to return and Gabriel resolved to wait for the enemy at the coulee at Fish Creek. Ignace Poitras, alias Bétillet, who had a good horse, told Gabriel: "Take my horse, to go check where they are." One of the Tourond men, who also had a good horse, lent his to Napoléon Nault. They left together to go on reconnaissance.

As he was leaving, Gabriel recommended that they not go on the road so as not to leave tracks that could found by the enemy, but to ride only on the prairie. But his people did not heed his recommendations, it would seem, and during his absence they even lit fires on the road.

As for Gabriel and Napoléon Nault, they went halfway to the English camp. Gabriel was looking to meet a scout and it

had been decided that Nault would let himself be chased, while Gabriel would hide himself momentarily and then come up behind the enemy, kill him and take his weapons. Indeed, this was always their primary preoccupation: getting themselves weapons.

But they wandered on the prairie around the camp without meeting any solitary scouts and they returned to find their people at the Fish Creek coulee. It was early morning then. The Tibaronds, the owners of the property, supplied an animal that they ate *en apola*[1].

Gabriel was constantly sending scouts. While everyone was eating, Gilbert Breland came with the warning that the enemy was near. There were about thirty scouts. Gabriel placed his people in the bluff and advanced with twenty horsemen. His riders had received the order to let the lead troops of the enemy descend to the creek, and then only at that time were they to fire upon them; as they would then all be deployed along the road in front of the bluff. If some of them tried to escape by the rear, Gabriel and his men would surround them and all would die, thus providing some weapons.

But the enemy's advance guard noticed the Métis' tracks on the road and returned to their main force.

Thus the English were searching for the enemy by only sending out experienced scouts. One of them advanced in full view of the Métis. "Let him come forward," said Gabriel, "and when he is close enough to chase, make sure no one passes me and gets in my way; it's not worth taking a shot for just one man; I want to knock him out and take his weapons."

A group of Canadians rushed towards the scout; but as they did, a horse cut in front of Gabriel's horse and slowed

---

[1] The French text reads *"apola"* which refers to the expression *"faire apala"* (make *"apala"*): to take a meal along the road in the prairie, or grill food on an open fire.

him down. Nonetheless he caught up to the scout and was no more than fifteen yards away when those behind him cried out: "There are the police!" Gabriel then fired two shots at the policeman but he did not fall. They came to a small bluff which blocked Gabriel's view so that he could not see the enemy.

Meanwhile, Gabriel indeed caught sight of the English soldiers through the branches. He stopped his horse and did an about-face in the middle of these first trees; then he retreated along the line of the bluff in order to conceal his presence from the enemy as long as possible. He met up with his people without having come under enemy fire.

He climbed off his horse and tied it in the bluff, and with a young Cree, went forward, crawling from bluff to bluff in search of the enemy, in order to determine their numbers. They arrived at the bluff where he had just shot at the scout. He found the horse without its rider, who had undoubtedly fallen among the branches. However, they did not waste time looking for him; the enemy was still near. At the same time, both Gabriel and the young Indian emptied their weapons by firing in the enemy's direction as they flattened themselves upon the ground.

Surprised, the English looked all around but did not know where the shots were coming from. The two rebels shot again, but this time the English saw the gun-smoke and fired back.

Gabriel and the young Indian then withdrew. When they got to the coulee, they met a Sioux who told them that one of their men had already been killed, and that most of the Métis were fleeing.

Gabriel saw Ignace Poitras leading away a horse. He took it from him and ran in order to stop the men who were fleeing. He caught up to them a quarter of a mile away and brought back eight Métis and seven Sioux whom he placed beside himself in the coulee, a quarter of a mile east of the

bluff where the first attack had taken place and where forty-five men had stayed behind.

The eight Métis men, with Gabriel Dumont, were: Antoine Lafontaine, Pierre Sansregret, Édouard Dumont (son of a Métis Assiniboine, brought up by Gabriel's uncle), Jean-Baptiste Trottier, Wahpass (Charles) Trottier, the young [François] Ladouceur who did not carry any weapons, but who had the banner, which consisted of the image of the Virgin Mary, [and] two young Indians.

The seven Sioux were fighting about fifteen yards away from the nine Métis.

Gabriel had a fourteen-shot carbine. The young men lent him their rifles to shoot. Then, when he only had seven cartridges left, he said: "We'll set a fire on the police."[1] The wind was blowing precisely in the direction of the enemy. They set the fire and Gabriel himself was careful to light it in a straight line by dragging a handful of burning hay along so that it drew a line and would be more difficult to put out. And Gabriel said to his men: "You are going to charge while screaming." And they advanced behind the flames. "I always walked behind the heaviest smoke," said Gabriel.

When they were forty yards from the police, the fire went out near a small grove that was damp. The police were in retreat. As they advanced, they found many dead, and there was undoubtedly another dead body higher up in the current, because the water in the small creek was red; but they did not find any cartridges or rifles in the area. The sun was already low.

The English troops facing them had without a doubt gone to join the troops fighting with the forty-five men. "When

---

[1] Dumont had spent time at the beginning of the battle encouraging his men and trying to prevent desertions. In order to avoid being surrounded, he decided to set the prairie afire. However, the soldiers extinguished the fire, being helped by the rain that had begun to fall.

night falls," said Gabriel, "we will shoot them from behind, in order to free our forty-five men." He wanted to go forward immediately to scout the area, but the Sioux refused to follow him. So he went alone; he still had the horse he had tied up at the bottom of the coulee. He went up to the edge of the coulee where the enemy was hidden, a short distance away from the forty-five men. They spotted him and fired at him; he fled and went to catch up with his men[1].

They went to Calixte Tourond's house to eat; they found everything they needed in the house; they killed a few chickens and satisfied their hunger.

Isidore Parenteau arrived with a buggy and two Sioux, and a half-barrel of gunpowder. A short while later, two Sioux arrived still riding their horses, then also Philippe Gariépy and Moïse Ouellette. They then decided that, once it was dark out, they would go fire on them [the soldiers] from behind. The two Sioux went off as scouts.

Édouard Dumont and Baptiste Boucher arrived in turn and said that eighty riders were following them.

All of this happened. But as snow had fallen during part of the day, the weapons were wet and they went back to Calixte Tourond's place to dry them. They wanted to fire the weapons in order to better dry them. Gabriel recommended that they use a lighter powder charge. However, there were two who seemed to be shooting with a heavier charge on purpose. They advanced towards the coulee. When they were near, Gabriel went ahead alone. He went right up to the coulee, a short distance from the battle and found two unsaddled horses there belonging to the Métis. He saddled them and brought them back so that two of his men could ride them. Then he made them [his men] spread out and yell as they charged. Gabriel went all the way down to old Madame

---

[1] Dumont tried to reach the north bank of the coulee where most of his men were, but he did not succeed because his men were surrounded by soldiers.

Tourond's house. They all reached the Métis without coming under enemy fire.

The English were fleeing[1]. The doctor had even abandoned his bag and all of his medicine. They [The Métis] even found among [these things] two bottles of brandy which they drank to his health.

They left to go build a fire at Mrs. Tourond's place and brought the injured there. But the Métis were not yet confident that the English had retreated. They needed Gabriel, with his head swollen due to his injuries and his fatigue, to accompany them.

Riel had stayed in Batoche; he had spent his time having the rosary said for the combatants whose gunshots could be heard. In the end, Édouard Dumont said: "We must go help them; in our family, we have never heard guns being shot without acting; I have two of my brothers there and I will not let anyone kill them without going there."

Injured: Challius (Charles Thomas), Charles Carrière (in the arm), a young Indian (in the hand), [François] Boyer (in the chest, he later died), Cardinal (in the head, he later died) and Pierre Tourond (in the thigh).

Challius was slightly injured in the arm. They say he never wanted to show his injury.

---

[1] Fish Creek was thus a reversal for Middleton who saw ten of his soldiers die and about sixty get injured.

Return to Batoche

That night, Riel had sent several wagons to Fish Creek. Gabriel gave the order to the people travelling on foot to return immediately to Batoche, but he retained those on horseback so that they could escort the carts with the injured. But before he noticed it, four or five riders had already left.

Gabriel's head was swollen by his injury and he was suffering. They [he and his companions] were in Tourond's house. He said: "I would like to go, but it is necessary for you others to stay with the carts." They promised to stay and he left on his horse.

After going a half–mile, he met young Jean Dumont and André Letendre: "Where are you going?"

"We are leaving."

"But I told you to stay. You can see that I am sick, but if you leave, I will go back." The others then returned and Gabriel continued on.

A bit further away, he met up with four or five men who had deserted, among them Napoléon Nault. Gabriel scolded them for having left. "We didn't know," they said, "we left before you said that [told everybody to stay]." And, as he said that he was suffering greatly from the wound on his head which was oozing a lot, Napoléon Nault ripped a piece of his saddle cloth and wrapped it around his head.

They left and reached Batoche during the night. Upon his arrival, he gave his horse to someone so that it could be brought to the stable and he prepared to sleep at Batoche's [Xavier Letendre's] place for the night. But Riel called for Dumont so that he could give his report.

Gabriel could not go to bed then, because there were some men who wanted to desert.

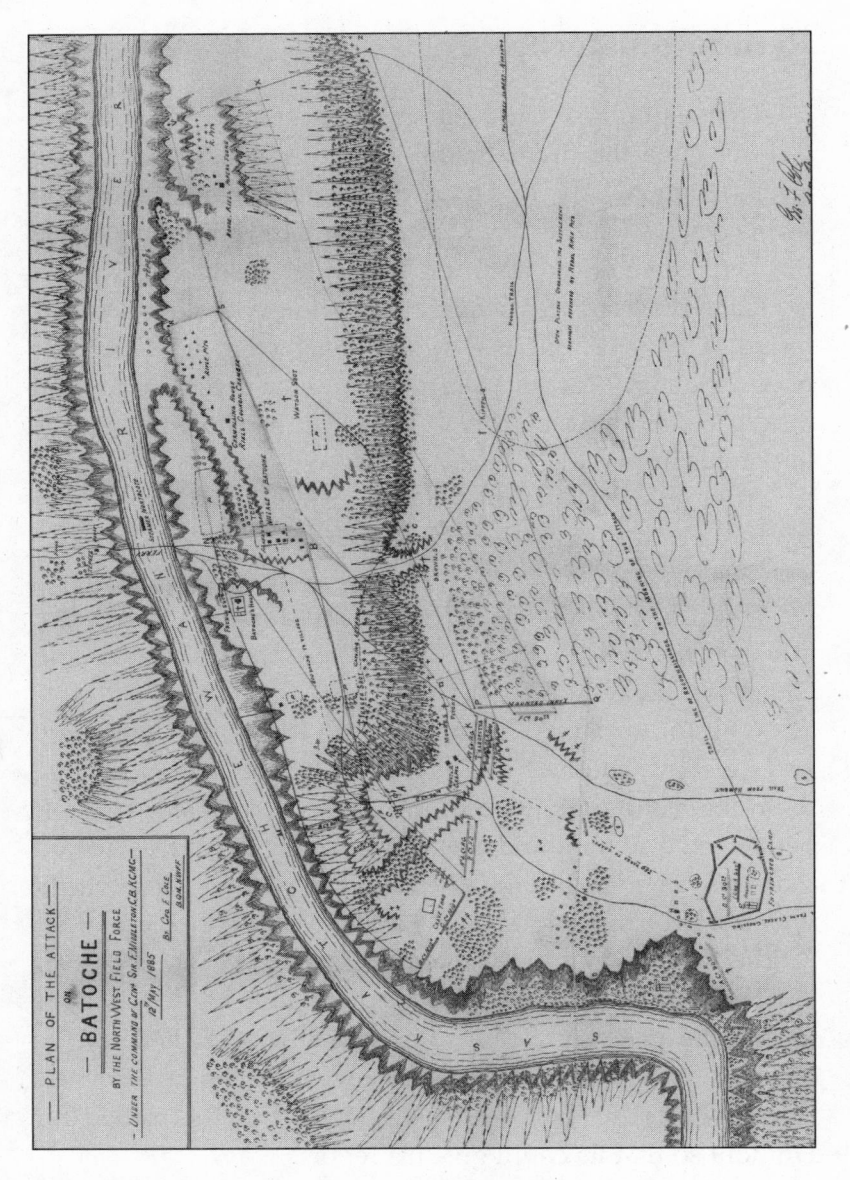

Plan of the attack on Batoche by the North West Field Force, drawn by George F. Cole. The map, with numerous advertisements for Winnipeg merchants forming the side borders, was published in Winnipeg. (Collège universitaire de Saint-Boniface Archives)

Batoche

The English encampment [was] at Gabriel's place[1]. They burned his house and destroyed his stables, taking the wood with which they fortified the Northcote[2] in order to protect it from bullets. The Métis scouts watched them do this. They assumed from this that the Northcote would go down the river to corner them.

Saturday the ninth, they [the English] arrived in Batoche before noon. Gabriel had placed the Métis on the right riverbank, below the cemetery, because the river channel passes along its edge, and Gabriel believed that the Northcote would have to pass within firing distance or else it would have to move towards the other side where the water was so shallow that the boat would hit the bottom. He had also placed on the other riverbank, a bit downstream, all of the Métis who were on the other side, so that the boat, when under fire from the right, would no doubt flee by turning to the left, and would find itself again within point-blank range of a new volley[3].

Gabriel had also given the order to lower the cable, but they [his men] thought it was low enough and did not touch it.

The steamboat went to lower its anchor a bit further down past Fayant's[4] place.

---

[1] On May 7th, 1885.

[2] A steamship.

[3] The steamship Northcote had left Swift Current on April 23rd, accompanied by two small boats. It only arrived at Fish Creek on May 5th. The steamship was nonetheless expected to reach Batoche by May 9th: while Middleton attacked on land at around 9 o'clock in the morning, the Northcote was supposed to create a diversion. On May 9th, the Nortchote landed at Gabriel Dumont's Crossing.

[4] "Fagnan" in the original manuscript.

While this was happening, the English arrived at [Jean] Caron's place. They tried to turn by Belle Prairie[1].

Gabriel sent Michel Dumas with his people to stop the English from repairing their steamboat's chimney, but they [Dumas' men] stayed at the top of the banks and their mission was useless[2].

During the first day, the English tried to make their way around by Belle Prairie. They installed a Gatling gun near there. For awhile they shot at Gabriel who was on his horse, about a mile away, but the bullets flew over him.

They retreated at nightfall.

Rifle pits were dug in on the slope near the cemetery, right up to Emmanuel Champagne's place. There were about seventy-five yards between each one of them. Two or three men were in each pit. There were about fifty men occupying these pits. The other men were hiding in the underbrush. There were about one hundred and fifty men on this side of the river and one hundred on the other side.

When night fell, a few Métis shot at the English, who were in the midst of eating, from the small ridge, in front of the old blacksmith's forge.

All night they guarded the rifle pits. A few Indians fired on the English.

---

[1] Belle Prairie (or Jolie Prairie) was situated just above and to the east of Batoche, a bit behind the village, and demarcated by the Saint-Laurent-de-Grandin, Carlton and Humboldt roads.

[2] Because of the Métis' continuous gunfire from both banks of the river, the steamship accelerated and arrived in Batoche earlier than expected, and the coordinated assaults between the military on land and the Northcote's naval forces were jeopardized. Moreover, the Métis had not lowered the ferry cable crossing the river enough. The steamboat did manage to free itself, but it lost its chimney and siren, the blowing of the horn was supposed to warn Middleton of its progress. Fire spread on the bridge, the steamboat drifted three kilometres down river and despite the officer's orders to return to the battle, the crew mutinied and refused to obey him.

The second day, Middleton ordered the building of fortifications all around his camp, so that they [the English] could
sleep in peace[1].

The English started firing after breakfast. They had taken
control of the church and of the cemetery, placed a Gatling
gun at Petite Prairie, on top of the road leading down to
Batoche, to the left of the old road, now abandoned, and to
the right of the current road.

Gabriel drew near with a few men by crawling among the
small poplars. Gabriel told his people: "Let me go in front, I
will get just close enough to shoot him [the Gatling artillery-
man] in the head and make sure I don't miss him. Then you
can rush in, grab the Gatling gun and take it down the road
as quickly as possible." He had approached just as he wanted and was getting ready to fire when his men shot from afar.
They missed the artilleryman and reinforcements were
immediately sent to him[2].

There were few incidents during the first three days. The
English could not break the line of defence. Besides, they did
not seem to be trying too hard (the report states that it was
indeed Middleton's plan to force the Métis to exhaust their
ammunition, undoubtedly following the recommendation of
Father Végréville[3]).

During those last two days, a Sioux, *Joli Corbeau* [Pretty

---

[1] During the first day, Middleton's men made limited progress. The Métis' tire-
less resistance forced the English to turn back. They then built on Jean
Caron's farm a *zareba*, a fortified camp, about 400 meters away from the village church.

[2] On the first day, Saturday, May 9th, the Canadian army reached the top of the
hill overlooking the plain of Batoche and the men began to bombard the
house where the Métis Council was being held. The Métis almost took control of the canons but Lieutenant A. L. Howard acted quickly, having the
Gatling gun continually fire rounds.

[3] Father Valentin Végréville and most of the Oblate priests were opposed to the
Métis' rebellion and they gave Middleton information that would help him
in consolidating his attack plan.

Crow], had his leg broken at the cemetery. Jean-Baptiste Boucher, senior, was injured in the buttock.

Daniel Gariépy had his wrist broken and his chest pierced by a single bullet.

Every night, the English returned to their camp. And often, there were some who left piles of cartridges behind on the ground at the foot of a tree where they were undoubtedly lying in wait. Several times they [the Métis] also found magazines from the Gatling gun, each one containing forty rounds. And these were exactly of the same calibre as the twelve-shot hunting carbines many Métis owned.

They also picked up the dead men's rifles, so much so that, in the end, they had about sixty or seventy in their possession.

What was much more serious, and what Gabriel Dumont confirmed for me without realizing the gravity of what he was saying, because he was surprised when I explained this to him, was that they also found exploding bullets. Now, we know that nations have agreed between them that only large missiles can be explosive, their fragments being still big enough to put a man out of action; instead of an object such as an exploding bullet, which would cause an atrocious and fatal wound, contrary to the founding principals of war, the said war having as an objective not the killing of enemy soldiers, but of putting them momentarily out of combat. Now, a simple bullet can put a man out of action, and his wound can heal, whereas a wound from an exploding bullet produces internal tearing of flesh and bones and does not heal. The government's troops have committed in this case a grave crime against humanity and against the people's rights adhered to by civilized nations.

The fourth Day[1]

Until around three o'clock, the English did not push forward more than the other days. The sun was already low when they took possession of Batoche's [Xavier Letendre's] house. They rushed in from all sides at the same time. When they overtook the rifle pit defences, they advanced almost without stopping right up to the houses.

Gabriel said that he was against digging the pits, because he knew what would happen, that the people would feel completely safe in them and would stay in them right to the end and then they would no longer be able to get out without being killed from close range.

This was what happened. The English, advancing in large battalions, were continually firing shots into the pits from where they were being shot at, so much so that the Métis could no longer even lift up their heads to see and shoot back. And when the English were so close that there was no more hope, the Métis tried to flee, but they fell dead at the same moment.

After the English had entered Batoche's house, which was not even occupied by the Métis at the time, Gabriel Dumont continued to resist for half an hour from below. He was with old Joseph Vandal, Joseph Vandal, the nephew of the former, old [Joseph] Ouellette, Pierre Sansregret, David Tourond and a young Sioux.

They were below Batoche's house. It was during this time that Daniel Ross was wounded in Batoche's [Xavier Letendre's] house[2]. He shouted to Gabriel and to the Sioux to come and drag him away from the battlefield.

---

[1] On May 12th, Middleton put in place a definite plan of action. Using a Gatling gun and canons, the Canadian military attacked from the East.

[2] Captain French and his men captured the house belonging to Letendre, nicknamed Batoche. But as he opened a window, Captain French was killed by Donald Ross. The latter was struck down in turn by a Canadian scout.

"Are you mortally wounded, or are you still alive?" Gabriel yelled to him.

"Oh! I'm dying," Daniel Ross answered him.

"Well," said Gabriel, "it would be a shame to get myself killed. That would make two dead instead of one."

Daniel Ross was between Batoche's [Xavier Letendre's] house and Fisher's store.

The English were occupying Batoche's [Xavier Letendre's] house, but there were red curtains at the windows, so they [the Métis] could not catch a glimpse of them. However, Gabriel was firing through the curtains in order to frighten the English so that they would not take time to aim when they retaliated.

That was when Captain [John] French was killed. He was in the room Gabriel had occupied. He did not die on the spot. He dragged himself from the room to the hallway and rolled down the stairs, leaving traces of blood everywhere. He was found at the bottom of the stairs.

Old Joseph Vandal was also wounded there. He had both arms broken at the same time, one of them in two spots. As he was lame, he lost balance and fell forward. He was trying in vain to get up. Gabriel helped him up and said to him: "Get out of here. Withdraw."

"No," said Vandal, "I would prefer now that they finish me off, since both of my arms are broken."

"Go, go!" said Gabriel. "No one will say that I left you here alive." And he forced him to leave. Vandal took the road leading down to the crossing and Gabriel and his men continued to fight from below Batoche's [Xavier Letendre's] house.

Shortly afterwards, they crossed the road because the English were already occupying Fisher's store. They fought then from the hillside between Fisher's store and his house. That's where old [Joseph] Ouellette was killed. They were exactly above the women's tents, which the women had abandoned. In Mother Tourond's tent, Gabriel found Joseph

Vandal again and forced him to flee further away. He [Joseph] left alone and the others continued to fight. They found him dead, stabbed by a bayonet, a quarter of a mile away, near Emmanuel Champagne's house.

Near Mother Tourond's tent, there was also a young injured Sioux in a wagon. He had been shot in the chest. He did not want to leave. "We left him," said Gabriel, "because he could always play dead, he had blood in his mouth. He was *Joli Corbeau*'s son [Pretty Crow's son], whose father had already been injured."

After old [Joseph] Ouellette had been killed, Gabriel and his men came down towards the women's tents, in order to wait for the coming of the English. "It was finished, obviously," he said, "but we wanted to make the English pay more dearly." Gabriel was with Joseph Vandal, Pierre Sansregret, David Tourond; and they met there Philippe Gariépy, John Ross, Cuthbert[1], son of John Ross, a young English Métis, the son of Tom Anderson, Hilaire Patenaude, Henry Smith.

Most of them wanted to flee; but Gabriel made them stay for the last gunfight. They were still shooting at the English in the semi-darkness. When they had no more bullets, they left.

They followed the river bank up to Emmanuel Champagne's place. There, Gabriel asked Hilaire Patenaude what he had done with the half-barrel of gunpowder with which he had entrusted him. The other had left it nearby. "Go get it," said Gabriel; but Hilaire Patenaude did not dare. So then Gabriel said to Henry Smith: "You, you're not scared, go get it. There is no danger, the English are not here yet."

Henry Smith took off his shoes so that he could run better, because he had hard shoes. He also left his rifle with John Ross. Gabriel waited for him near his shoes, but the others left, John Ross too, taking Henry Smith's rifle, and so when he came back, he found that his weapon was gone.

---

[1] "Carbatte" in the original manuscript.

It was night time, they had to eat. Gabriel remembered that not far from there, the Sioux had lodges where they have been recently smoking meat. He went there and brought back an armful of dried meat.

Then he went past Édouard Dumont's place, where the women were gathered. That's where he saw Riel for the last time and where he heard him say to Mrs. Riel: " I believe that God wants me to die." He gave the armful of meat to his wife and told her to give some to the others. There were, among others, Riel's wife and Riel himself. They were all anxious to get further away. But Gabriel wanted to get a horse so that he would be able to escape if he had to. He said to his wife: "Wait for me here." He went to Emmanuel Champagne's stable where he knew there were still horses, but the police had already occupied[1] the place. He came back, without having shot at them, even though he was tempted to, but he did not want to linger because his wife was waiting for him.

When he returned to her, he found her alone. He hid her in a small bluff of trees[2]. He then left to get a stallion belonging to [Xavier Letendre] Batoche, but the horse whinnied and reared up so much so that he had to go get another; he tied it up in another bluff. He went to look for a different horse; he met up with Henry Smith and John Ross' son; the latter was looking for his father, and Henry Smith was looking for him too, to find the rifle he had taken. They told Gabriel that Pierriche Parenteau's horses were not far from there, and he [Dumont] decided to go get them.

Gabriel found a kettle. He took it with him and Henry Smith held onto the stallion that they had gone back to get. Together they went to Daniel Gariépy's house, where Maxime Lépine lived, the neighbour who lived beyond

---

[1] The original manuscript reads: "but the police occupy them already."

[2] The original reads *"dans une île"*, which in the context of old French-Canadian French, refers to a small wooded area.

Édouard Dumont's place. They entered, lit the lamp. Gabriel took some tea, two plates, two pots, two knives and two forks, and he went back to find his wife.

On his way, he found a young sandy-colored mare that they had taken from the police awhile back. When he found his wife, he tied up the stallion and the mare in a bluff, separating one from the other. Upon hearing the stallion, Pierriche Parenteau's horses galloped towards him. Gabriel believed that it was the police. It was now the middle of the night. Gabriel went and hid with his rifle in the corner of the bluff so that he could bring down a few policemen when they passed by. But he realized that these were loose horses and saw that they were the ones belonging to Pierriche Parenteau. He took one mare and released the stallion.

He then placed his wife on one of the mares, but she had never ridden a horse; he had to hold her horse by the reins. He placed half a sack full of flour that he had brought on the other mare and walked ahead leading the two horses. But the stallion followed the mares while making a racket. After having hit it with a stick several times, he succeeded in chasing it away.

They went to set up camp at the north-eastern extremity of Belle Prairie; they left again at dawn and went into the big woods where they ate breakfast. Then Gabriel left his wife hidden there and went, on foot, to look for Riel.

He went along the side of the hills, hiding in small bluffs. When he got there, he saw a man going up the hill and hiding. He recognized a Sioux. He went after him without being noticed, and when he was quite near, he spoke Sioux to him. The Sioux started in surprise.

Gabriel continued to search for Riel[1]. He didn't bother to hide anymore; he called out for him out loud. Jim Short

---

[1] He searched three days for him in order to stop him from surrendering to Middleton.

answered from the hillside, but did not dare come out into the open prairie. Gabriel went towards him. Jim Short told him that he had his horse nearby, but that he had abandoned it because he could not hide with it.

"I'll take it then," said Gabriel.

"Take it!"

"But do you have his rope?"

Jim Short had tied it around his waist and gave it to him. Gabriel left to go get the horse. He continued to call out. The three young Trottier children answered him. They were looking for their mother. There were several horses belonging to the Métis on the road. "Take them," said Gabriel, "otherwise the police will take them."

He returned to his wife with Jim Short's horse, and there they saw the trail of the fleeing Métis. They followed it. When they got near Calixte Lafontaine's place, they found Champagne's wife in a wagon. She told them that indeed many of those escaping had passed by there. They continued and found Baptiste Parenteau's wife, Riel's sister. They were still continuing to follow the trails and met up with the fugitives ten miles away, near Montour's butte. There were ten women and a few men, Élie Dumont, Pierre Laverdure, the son of Pierre Sansregret.

They set up camp with them. The following day, as he left one mare for the women and gave the other to Alexandre Fageron[1], his adoptive son, he went to his father's place[2]. En route, he met three policemen being escorted by a few Indians. He still had his rifle. They were about three hundred yards away. The Indians recognized him and told the police who he was; but they knew only too well his reputation and

---

[1] The original manuscript, which is difficult to decypher, reads either "Fayan" or "Fagerais", but according to Barkwell, Dumont's adopted son's name was Alexandre Fageron.

[2] His father, Isidore Dumont, lived about 5 kilometres away from Batoche.

did not want to approach him when they were so few. They sent only one Indian towards Gabriel. When he was within speaking distance, Gabriel ordered him to stop.

"Are you afraid of me?" said the Indian.

"Of course," said Gabriel. "How is it that yesterday you were fighting the police and today you are helping them find me?"

"You need not be afraid of me," said the Indian.

"Don't come any closer," replied Gabriel, "I don't trust you."

The policemen kept their distance, they did not dare approach, because they knew that Gabriel would not let himself be taken alive. He said to the Indian: "I have not set down my weapons. I am still a fighter, and I'll kill the first one who comes any closer." The Indian went back to the policemen and they left, undoubtedly to come back with reinforcements, but they did not find Gabriel.

He continued on towards his father's place. He found Jean-Baptiste Parenteau and gave him his best horse so that he could escape with it.

At his father's place, he found Moïse Ouellette who was carrying a letter for Riel and the others. He told Gabriel of his mission. "Do you know what is in the letter? Did they read it to you when they gave it to you?" asked Gabriel.

"Yes, they promise you that there will be justice if you surrender with Riel," said Moïse.

"Ah! Well, I myself will not surrender. And I too am searching for Riel, but it's not to make him surrender, but to take him with me. And if I find him before you, I will take him away by force, I will not let him surrender."

But Moïse found him first[1]. Gabriel did not see him again.

---

[1] Moïse Ouellette admitted to Gabriel Dumont that he had already delivered the letter to Riel and that the latter had surrendered to the Canadian forces.

The Battle of Batoche (2nd or 3rd day)[1]

The Gatling gun [was] placed on the small hill, in a field in front of the church, between the old road and the new one. Gabriel wanted to go kill the gunner. He told his men: "Let me get close to him. I want to shoot him in the head and then you will rush in and take down the Gatling gun quickly." But his men, who were in the back, fired two or three shots at the gunner without hitting him. He immediately turned his Gatling gun in the direction of the gunfire. Branches were mown down all around Gabriel and his men, who fled by crawling through the brush without being hit.

When Gabriel was in New York, hired by Buffalo Bill, a man who knew he was there asked for him and told him: "I once fought against you. I was the gunner who fired the Gatling gun in front of the church. But that is in the past, and you won't hold it against me. In any case," he added, "I never shot at you. I shot in the air, in order to frighten you." "Oh no, I won't hold it against you because you were hired to do that. But I did try to shoot at you and put a bullet into your head. As for firing over us to frighten us, you are lying there (he told him his story) and," he said, "the earth was flying into my eyes and all around me, the small branches were being cut." This man was an American from Montana. Gabriel was in Montana during the Boer War[2], and he learnt that this man was fighting over there and had just been killed.

---

1 Sunday, May 11th and Monday, May 12th, 1885.

2 The "war in the Transvaal" in the original text. In 1877, Great Britain had tried, without success, to annex the Transvaal Republic, founded by Afrikaners (Boers), Dutch Calvinist and French Huguenot descendants who had established themselves in South Africa at the end of the 17th century. The hostilities between the Afrikaners and the English ended in 1902.

After Batoche

Father André[1] told the policemen: "You are looking for Gabriel? Ah! You are wasting your time. There is not a single blade of grass on the prairie that he does not know!"

Gabriel did not want to surrender. He asked those who were surrendering to give him their bullets. This way he found himself armed with eighty rifle cartridges and forty cartridges for a revolver. It was the Sheriff's revolver; he had taken it from [Albert] Monkman, to whom he had given it in the first place.

Gabriel Dumont wanted to bring Riel to the other side of the border. He searched for him for four days. Once he called for him in a bluff, thinking he might be there. Actually, he was there with the women and Nicolas Fayant. The latter recognized Gabriel's voice; but Riel feared it was a trap set by the English and they did not answer.

Moïse Ouellette received a letter for Riel and Gabriel, written by Middleton, and in which he invited them to surrender and promised them justice. Moïse Ouellette found Gabriel, but he [Gabriel] declared that he did not want to surrender. And when Ouellette asked where Riel was to be found, Gabriel told him: "I am also looking for him, but it's to take him away."

---

[1] Father Alexis André (1833-1893), Oblate of Mary Immaculate and missionary originally from Finistère (France), arrived in the Red River Settlement in 1861. From 1861 to 1864, he was posted to the American Mission of St-Joseph at Pembina and was named, in 1863, the official delegate of the American army to act as the peace agent with the Sioux. From 1871 to 1883, he served in the Métis establishment along the Southern branch of the Saskatchewan River, where he founded the Missions of Saint-Laurent-de-Grandin, Duck Lake and Carlton, as well as the ones in Batoche, Lake Muskeg and Saint-Louis-de-Langevin. He was the Director of the Prince Albert House from 1883 to 1886, then in Calgary until his death in 1893. He accompanied Louis Riel to the scaffold in 1885.

The fourth day, at nightfall, Gabriel met up again with Ouellette. He had lost his horse, and he asked Gabriel for his. "Ah, well! You must be joking!" said Gabriel, "Lend my horse to you who are working for the government?"

He nevertheless indicated where the families were camping near Bellevue and where he might probably get a horse.

On the fourth day, Riel surrendered. Gabriel heard about it and then decided to leave alone.

He camped out that night with Jean Dumont. At night, he said goodbye to everyone and left. As he was leaving, he was called back. It was Michel Dumas, who wanted to leave with him. He [Gabriel] afterwards said that he regretted having left with him [Dumas], because Michel Dumas drank with the money that was given to them as aid in America, which cost them people's sympathy.

During the four days he had spent around Batoche, he had never gone any further than Bellevue, which is to say about eight or ten miles away. However, the area had been constantly searched by enemy patrols out looking for him. But he came back to camp at Batoche every night, and the next day, at dawn, he would watch the departure of the patrols and follow in their tracks, riding all day behind them. From time to time, he would hide in a bluff, waiting until they were out of sight; then he would leave, knowing the country like the back of his hand, knowing where to stop so as not to risk being seen, riding behind those who were searching for him. Besides, if it ever became necessary, he had decided not to be taken alive: "They won't lay a hand on me," he stated. He counted on his rifle, on his horse, on his astonishing abilities and remarkable sang-froid.

It is believed that Riel surrendered in order to save the lives of those who were in jeopardy, offering his life in place of theirs, because he thought they would be content with his life.

During these few days, he said one day to his wife: "Oh! My poor Marguerite, I do believe that the Good Lord wants me to die."

He had also said beforehand: "If things go badly and the first group escapes, there will be many afterwards who will be hanged."

In prison, he said: "I myself, I know that God will forgive me, but that men will not; Gabriel will be forgiven by God and by men."

Another time in prison, he had been able to take out a knot in the wood on the door. As Joseph Delorme was passing to go to the toilet, he said to him: "When you pass by here again, walk slowly without looking my way, and I will speak to you." And then he [Riel] asked him: "Do you know where Mr. Dumont is?"

"They say he has crossed the border."

"That's good," Riel said. "You are all going to live, but not me. You can count on Mr. Dumont; he will travel everywhere and will be well received everywhere; he will help. I will die, but him, he will live to be very old."

Joseph Delorme (now at Dauphin Lake) lost both testicles at the battle of Batoche. The bullet had also gone through his thigh. He was picked up by the English and they took care of him. There was a gaping hole on each side of the opening of the wound. To close it, they took flesh from the buttock, for the grafting. They wanted to put him to sleep. He refused. And he laughed during the operation, to show them that he was not afraid.

Gabriel Dumont and Michel Dumas Surrender to the American Police

When they arrived at Fort Assiniboine, they immediately went to surrender to the authorities[1]. They were handed over to a Sergeant who asked them to follow him. They crossed the hallway and (he) opened a door which [was] the one to the prison; he made them enter and locked them up. "Ah, well!" cried Gabriel, "This time I will be fine. At least this time they won't make me sleep outside!" But just a few instants later, the Sergeant rushed back, opened the door and asked them to exit while excusing himself; because, he said he had made an error, he had not understood, this was not where he had been told to bring them, but in the big hall.

That was where he led them then. An officer was waiting for them, and he also offered them his apologies.

And they then led them to the superior officer of the Fort who spoke French[2]. He told them that he would send the government a telegraph about them; and until then, they could stay in the fort where they would be well treated. The reply announcing that they should be freed was received three days later, at two o'clock [in the morning[3]][4].

---

[1] The American authorities had been informed via telegraph.

[2] This man was Alfred Howe Terry, a Major General in the Unites States Army. A Canadian, Sergeant Prévost, tried to kill Dumont but the American soldiers stopped him. The military even organized a reception for the fugitives.

[3] The French text reads two o'clock at night.

[4] President Cleveland gave the order to release them. Madeleine Dumont met up with them at Lewistown. She announced that Isidore Dumont had died. She herself passed away a few weeks later at Great Falls.

After Batoche

In the end, about seventy rifles had been taken from the English.

One Frenchman, Paul Schley[1], went to the camp and, upon speaking with an English officer, said to him: "Do you know how many you have killed with your Gatling gun?"

"No."

"Well I know."

"How many? Tell me, I'd be happy to know."

"Well, you killed one."

"Ah!" cried the officer. "That's not possible."

"Yes! And it was my dog."

The officer was furious, believing that the other wanted to tease him and he was ready to hit him.

Riel

When he heard someone blaspheme, he would say: "Quickly! Ask God for forgiveness." One day when he was saying this to a Métis, the latter replied: "Ah well! I don't pay attention."

"That doesn't matter," said Riel, "you still offend God Almighty! You understand, He hears you and it saddens Him. He is good, and He loves you and you must not make Him sad, so ask Him for forgiveness, my friend!"

"Ah! For God's sake! Forgive me!" cried the other impatiently. And Riel left discouraged because he couldn't stop his people from swearing.

Riel said he did not like priests because they did not respect God's law. "You want to drive people away in order to make money", he said.

---

[1] Paul "Chelet" in the original manuscript.

Monkman's arrest
(after the Battle at Duck Lake)[1]

Riel said one day: "I dreamt there was someone who wanted to betray us; and I was told during my dream, that this person was in a small buggy. And so it must be [Albert] Monkman, because if you recall, the day we sent people out scouting on the other side of the crossing, on Duck Lake side, he was the only one who was in a small buggy."

"Go then," he said to Gabriel Dumont, "gather them all; I know there are two among them who have been asked to betray us; ask them who they are and by whom they were asked."

Gabriel went and gathered all the people and asked: "There are two among you who have been asked to betray us. Who has spoken to you in this way?"

But everyone denied ever having been asked to do this. However, for Riel, Monkman was guilty. He was arrested and held with the other prisoners, on the first storey of the [Jean-Baptiste] Boyer house, right next to his store.

The other prisoners were free to move about in the room, but Monkman had his leg tied to an iron chain, which ran through a plank and was attached to the joist underneath.

When they had wanted to arrest Monkman, he had pretended to defend himself. He had threatened to use his revolver. Then Gabriel had thrown himself in front of the people who had been sent to arrest him and grabbing the pistol himself, he had cried: "Monkman, if you move, I'll kill you!" Terrified, Monkman had let himself be arrested. That is when Gabriel disarmed him and took back the revolver he himself had given him.

---

[1] Albert Monkman was arrested after the battle of Fish Creek and not after the skirmish at Duck Lake.

Between Duck Lake and Fish Creek

One day, Riel said during a meeting in the church: "We will kill the English prisoners." There was one man standing who was shocked by these words and fell over.

One time too Antoine Vandal very nearly lost his mind and he said to Gabriel Dumont, "Cousin, don't kill me," as he begged him and hung onto him.

Between Fish Creek and Batoche

It was old Madame Batoche[1] and Gabriel's wife who were taking care of the wounded.

Once a day, Riel also sent Jackson and the policemen who had been taken prisoner to Duck Lake so that they could also tend to them [the wounded]. When the Indians saw them passing outside, they wanted to tear them to pieces and Gabriel had great difficulty in restraining them.

[Alexandre] Cardinal went crazy just before dying. Under his straw mattress, old Madame Batoche found a bone fragment that came from his cracked skull. Then the English prisoners were accused of having sped up the death of the injured man. On that day, Gabriel intimated to Riel that he would no longer be responsible for the lives of the English prisoners if he [Riel] freed them again to come take care of the injured.

There was a Sioux who repaired rifles at Batoche and who was very skilful.

James Swain made bullets with the lead found in cases of tea containers.

---

[1] Xavier Letendre dit Batoche's wife.

General information

The captains were: William Boyer, Isidore Dumont, Augustin Laframboise, Calixte Lafontaine, Isidore Dumas. They left most of the merchandise in the stores, and had them guarded.

Duck Lake

Nolin fled in a buggy belonging to the wife of his brother-in-law Athanase Lépine.

A few years later, upon meeting Gabriel, Nolin told him: "I'm still the one who is your best friend. If I fled, it's because I was too scared." He [Nolin] didn't hold it against him [Gabriel] that the latter had wanted to have him shot [because] he had fled to Saint-Laurent. He admitted that Gabriel had been just towards everyone.

In 1903, Gabriel even told me that Nolin had sent word that he should come to his place, and stay as long as he wanted, until his death if he so wished.

During the events of Batoche, Nolin's wife and family stayed with Father Moulin.

BIBLIOGRAPHY

ASFAR, Dan and CHODAN, Tim, *Gabriel Dumont: War Leader of the Métis*, Edmonton: Folklore Publishing, 2003.

BARKWELL, Lawrence J., *Batoche 1885: The Militia of the Metis Liberation Movement*, Winnipeg: Manitoba Metis Federation, 2005.

BEAL, Bob and MACLEOD, Rod, *Prairie Fire: The 1885 North-West Rebellion*, Edmonton: Hurtig Publishers, 1984.

BÉLISLE, Louis-Alexandre, *Dictionnaire nord-américain de la langue française*, Montréal: Beauchemin, 1979.

BERGERON, Léandre, *Dictionnaire de la langue québécoise*, Montréal: VLB Éditeur, 1980.

BROWN, Jennifer S. H. and PETERSON, Jacqueline (dir.), *The New Peoples: Being and Becoming Métis in North America*, Winnipeg: University of Manitoba Press, 1985.

BUMSTED, J. M., *Louis Riel v. Canada: the Making of a Rebel*, Winnipeg: Great Plains Publications, 2001.

CARRIÈRE, Gaston *et al.*, *Dictionnaire biographique des Oblats de Marie-Immaculée du Canada*, Ottawa: Éditions de l'Université d'Ottawa, 1976-2005, 5 vol.

CHARLEBOIS, Peter, *The Life of Louis Riel*, Toronto: NC Press, 1975.

COMBET, Denis, "Les *Mémoires dictés par Gabriel Dumont* et le *Récit [de] Gabriel Dumont*", *Cahiers franco-canadien de l'Ouest*, Vol. 14, nos 1 & 2, 2002, pp. 105-156.

COOK, Ramsay and BÉLANGER, Rhéal, *Dictionary of Canadian Biography Online* (http://www.biographi.ca/EN/index.html), Toronto: University of Toronto Press; Québec: Presses de l'Université Laval.

DIONNE, Narcisse-Eutrope, *Le Parler populaire des Canadiens français* («Reproduction de l'édition originale de 1909»), Québec: Presses de l'Université Laval, 1974.

DUMONT, Gabriel, *Gabriel Dumont Speaks*, translated by Michael Barnholden, Vancouver: Talon Books, 1993.

FLANAGAN, Thomas, *Louis 'David' Riel: Prophet of the New World*, Toronto: University of Toronto Press, 1979.

GABOURY-DIALLO, Lise, "'Batoche' selon Gabriel Dumont: une étude de l'historicité de ses mémoires", dans André Fauchon (Editor), *L'Ouest: directions, dimensions et destinations*, Les actes du vingtième colloque du Centre d'études franco-canadiennes de l'Ouest tenu au Collège universitaire de Saint-Boniface du 15 au 18 octobre 2003, Winnipeg: Presses universitaires de Saint-Boniface, 2005, pp. 99-114.

GIRAUD, Marcel, *Le Métis canadien: son rôle dans l'histoire des provinces de l'Ouest*, Saint-Boniface: Éditions du Blé, 2 vol., 1984.

HILDEBRANDT, Walter, *The Battle of Batoche: British Small Warfare and the Entrenched Métis*, Ottawa: Parks Canada, "Studies in Archaeology, Architecture and History", 1985.

IMPS, Paul (dir.), *Trésor de la langue française: Dictionnaire de la langue française du XIXe et du XXe siècle (1789-1960)*, Paris: Éditions du Centre national de la recherche scientifique, 1991-1994, 16 vol.

MIDDLETON, Frederick Dobson, *Suppression of the Rebellion in the North West Territories of Canada, 1885*, Toronto: G. H. Needler, "University of Toronto. Studies. History and Economics; v. 12", 1948.

OLIVER, Annie, *Le Biographique*, Paris: Hatier, "Profil: Histoire littéraire", 2001.

OPPEN, William A. (Editor), *The Riel Rebellions: A Cartographic History*, Toronto: University of Toronto Press; [Ottawa]: Public Archives of Canada: Canadian Government Publishing Centre, 1979.

OUIMET, Adolphe et MONTIGNY, Benjamin A. Testard de, *La Vérité sur la question métisse au Nord-Ouest*, par Adolphe Ouimet, *Biographie et récit de Gabriel Dumont sur les événements de 1885*, par B. A. T de Montigny, Montréal, s. n., 1889.

PAYMENT, Diane, *Batoche (1870-1910)*, Saint-Boniface: Éditions du Blé, 1983.

PAYMENT, Diane, "Review of Michael Barnholden, *Gabriel Dumont Speaks*", *Manitoba History*, Number 26, Autumn 1993, pp. 45-46.

PAYMENT, Diane Paulette, *"The Free People - Otipemisiwak", Batoche, Saskatchewan, 1870-1930*, Ottawa: National Historic Parks and Sites, Parks Service, "Studies in Archaeology, Architecture and History", 1990.

RODRIGUEZ, Liliane, *Mots d'hier, mots d'aujourd'hui*, Saint-Boniface: Éditions des Plaines, 1984.

ROSS, Alexander, *The Red River Settlement: Its Rise, Progress, and Present State*, London: Smith, Elder, and Co., 1856.

SIGGINS, Maggie, *Riel: A Life of Revolution*, Toronto: Harper Collins Publishers Ltd, 1994.

STANLEY, George F. G, "Gabriel Dumont's Account of the North-West Rebellion, 1885", *The Canadian Historical Review*, Vol. XXX, September, 1949, pp. 249-269.

STONECHILD, Blair and WAISER, Bill, *Loyal Till Death: Indians and the North-West Rebellion*, Calgary: Fifth House, 1997.

TRÉMAUDAN, Auguste Henri de, *Hold High Your Heads: (History of the Métis Nation in Western Canada)*, translated by Elizabeth Maguet, Winnipeg: Pemmican Publications, 1982.

VENNAT, Pierre and LITALIEN, Michel, *Carabiniers et voltigeurs contre Louis Riel: histoire militaire et politique méconnue*, Montréal: Éditions du Méridien, 2003.

VERMETTE, Auguste, *Au temps de la Prairie: l'histoire des Métis de l'Ouest canadien racontée par Auguste Vermette, neveu de Louis Riel*, témoignages recueillis, édités et annotés par Marcien Ferland, Saint-Boniface: Éditions du Blé, 2000.

WOODCOCK, George, *Gabriel Dumont: The Métis Chief and His Lost World*, Edmonton: Hurtig, 1975.

INDEX

Dumont, Jean-Baptiste (uncle), 9
Dumont, young Jean, 87
Dumont, Louise (*née* Laframboise), 9, 11
Dumont, Madeleine (*née* Wilkie), 11-12, 21, 32, 36, 97, 98, 104, 107
Dundurn (Saskatchewan), 77

E

Edmonton (Alberta), 49
England, 43
English Metis Settlements, 79
Épinettière, L', 76
Exovedate, see Provisional Government of 1885

F

Fageron, Alexandre, 98, 102
Fagnan, see Fayant
Farget, see Lépine, Ambroise (Farget)
Fayant, [...], 89
Fayant, Nicolas, 101
Finistère (France), 101
First Nations, 40
Fish Creek (Saskatchewan), 18, 19, 24, 30, 42, 54, 58, 77, 79, 81, 82, 87, 89, 107
Fish Creek, battle of, 18, 19, 23, 24, 30, 42, 79, 80, 86, 106, 107
Fisher, Alexis, 11
Fisher, George, 77
Fisher's Store, 94, 95
Fleury, Patrice, 67, 68, 69
Fort Assinniboine (Montana), 104
Fort Carlton, 12, 14, 18, 48, 56, 59, 60, 61, 63, 73, 76, 78, 80, 90
Fort Edmonton, 9
Fort Ellice, 11
Fort Pitt, 9, 11, 33

France, 43, 44
French, [John], 93, 94
French, George Arthur, 14
Frog Plain (Manitoba), 11

G

Gabriel Dumont's Crossing, 89
Gabriel's place, 89
Gardepuis, see Gariépy
Gardupuy, see Gariépy
Gareau, Ludger, 60
Gariépy, Daniel, 92, 96
Gariépy, Philippe, 27, 51, 63, 65, 66, 67, 85, 95
Gariépy, Pierre, 75
Gariépy's Crossing (Saskatchewan), 64
Goiffon, Joseph, 11
Goulet, Maxime, 43, 44
Goulet, Roger, 43, 44, 79
Grand Coteau, battle of, 11, 29, 33
Great Falls (Montana), 104
Great Lakes region, 9
Grenouillère, La, battle of, 11
Gros-Ventres (First Nations), 35, 39
Gros-Ventre (Man), 36, 38, 39, 41
Gros-Ventres River, 38
Gros-Ventres, forks of the, 38

H

Haig, H., 30, 31
Halcrow, Joseph, 55
Hamelin, Joseph, 23
Hamilton (Ontario), 75
Henry, Pierre, 75
Hidatsa, see Gros-Ventres (First Nations)
Horse Child, 75
Howard, A. L., 91

Hudson's Bay Company, 9, 11, 13, 14, 48, 54

Humbolt (Saskatchewan), 56, 77, 79, 90

Ille-et-Vilaine (France), 54

I

Irvine, A. G., 56, 67, 70

Isbister, James, 15, 51

J

Jackson, Thomas, 76, 77, 78, 80, 107

Jackson, William Henry, 76, 77

James Bay, 35

Jardine, see Ness, George

Jarreau, see Gareau, Ludger

Jérôme, Martin, 23

Joli Corbeau (Sioux chief), 91

Joli Corbeau, son of, 95

Jolie Prairie, 90

Jordinès, see Ness, George

K

Kaina, see Bloods (First Nations)

Kàmiyistowesit (Cree chief), 47, 65

Kàpeyakwàskonam (Cree chief), 47

Kit-a-wa-how, 75

L

Lac-Maskeg (Catholic mission), 101

Ladéroute's house, 58

Ladouceur, François, son, 84

Laferté, see Schmidt, Louis

Lafontaine, Antoine, 84

Lafontaine, Augustin, 60, 73-74

Lafontaine, Calixte, 27, 51, 98, 108

Laframboise, Augustin, 63, 72, 108

Laframboise, Louise, see Dumont, Louise (née Laframboise)

Langdon (North Dakota), 20

Lash, John Bean, 59

Laverdure, Pierre, 98

Lemieux, [François-Xavier], 51

Lépine, Ambroise (Farget), 43, 44

Lépine, Athanase, 108

Lépine, Maxime, 43, 61, 76, 96

Letendre dit Batoche, Xavier, 17, 48, 78, 87, 93, 94, 96, 97

Letendre, André, 87

Lethbridge (Alberta), 39

Lewistown (Montana), 51, 104

Lindsay School, 50

Long Lake (Saskatchewan), 62

Lorne (North-West Territories Council electoral district), 48

M

Macdonald, Sir John A., 50, 60

MacIntosh's place, 81

Manitoba (province), 15, 35, 45, 47

Manitoba Act, 14

Marion, Édouard, 43

Marion, Jules, 43, 44

Marion, Roger, 23

Massinahican (writings), 17

Mayenne (France), 45

McKay, [Joe "Gentleman"], 70

McKay, Thomas, 61, 64, 67, 68, 69

McKean, John, 60

Melgund, Lord, 19

Métis Council of 1885, 75, 79, 91-92

Middleton, Sir Frederick Dobson, 19, 30, 31, 42, 79, 81, 86, 89, 90, 91, 93, 97, 101

Minitari, see Gros-Ventres (First Nations)

Minot (North Dakota), 29

Missouri River, 33, 38, 53

Mitchell, Hillyard, 61, 63

Mitchell's Store, 63, 67, 68, 72

Monet dit Bellehumeur, Marguerite, see Riel, Marguerite (*née* Monet dit Bellehumeur)

Monkman, Albert, 75, 101, 106

Montana, 15, 17, 21, 39, 40, 51, 53, 56, 100, 101

Montour's Butte (Saskatchewan), 98

Montreal (Québec), 9, 15, 21, 44, 51

Moose Hills (Saskatchewan), 77

Morris, Alexander, 12, 14

Moulin, Julien, o.m.i., 7, 54, 108

Muskeg Cree (First Nations), 31

Muskeg Lake, 75

N

Nault, Napoléon, 58, 81, 82, 87

Ness, George, 59, 60

Neuilly, Commune of (France), 39

New York (New York), 21, 100

Nipigon, Lake, 35

Nolin, Charles, 17, 50, 54, 61, 77-78, 108

Nolin, family, 108

North Dakota, 11, 20, 21, 33, 38

North Saskatchewan River, 9, 31, 38

Northcote (steamboat), 88, 90

North West Field Force, 80, 88

North-West Mounted Police, 14, 15, 18, 24, 49, 56, 58, 61, 65, 67, 68, 69, 70, 75, 76, 77, ,78, 81, ,83, 84, 96, 97, 98, 99

North-West Territories, 14, 17, 50, 52

North-West Territories Council, 49, 50

O

Oblates of Mary Immaculate, 13, 45, 54, 91, 101

One Arrow (First Nations chief), see Kàpeyakwàskonam, Cree chief

One Arrow (First Nations reserve), 47, 59

Ontario, 35

Ottawa (Ontario), 55, 14, 17, 55

Ouellette, [Joseph] the elder, 93, 94, 95

Ouellette, Baptiste, 63, 65

Ouellette, Moïse, 15, 51, 54, 85, 99, 101, 102

Ouimet, [...], son, 44

P

Parenteau, Baptiste, 75

Parenteau, Isidore, 85

Parenteau, Jean-Baptiste, 99

Parenteau, Mrs. Baptiste, 98

Parenteau, Pierre, 17, 75

Parenteau, Pierriche, 96, 97

Paris (France), 43, 44

Patenaude, Hilaire, 79, 95, 96

Patenôtre, Hilaire, see Patenaude, Hilaire

Payment, Diane, 23

Pays-d'en-Haut, 9

Peigans (First Nations), 31

Pembina (North Dakota), 101

Père Caribou, see Moulin, Julien, o.m.i.

Peters, James, 64

Petit-Barbet (First Nations chief), see Kàmiyistowesit, Cree chief

Petite Prairie, 91

Petite-Ville, 13

Pikani, see Peigans (First Nations)

Plains Cree (First Nations), 35

Poitras, Ignace dit Bétillet, 81, 83

Poitras, Ignace, 75

Poitras, Ignace, son, 75

Poundmaker, 75

Prairie Ronde (Saskatoon), 77

Pretty Crow, see Joli Corbeau

Prévost, Sergeant, 104

Prince Albert (Saskatchewan), 17, 18, 50, 52, 63, 67, 76, 78, 101

Prince Albert, newspaper, 54

Provincial Archives of Manitoba, 23

Provisional Government of 1885, 17, 18

Q

Qu'Appelle River, 50

Qu'Appelle (Saskatchewan), 56, 79, 81

Québec, 35

R

Rebellion of 1870, see Red River Resistance (1869-1870)

Red Deer River, 39

Red River Colony, 9, 11, 12, 14, 15, 45, 54, 101

Red River Resistance (1869-1870), 14, 15, 33, 43, 49, 50, 52, 55

Red River Settlement, The (book), 9

Regina (Saskatchewan), 51, 56, 75

Richardson, Robert D., 80

Riel, Jean-Louis, 53

Riel, Louis, 12, 14, 15, 17, 18, 19, 24, 33, 50, 51, 52, 53, 54, 55, 56, 57, 58, 60, 61, 63, 65, 71, 73, 76, 78, 79, 81, 86, 87, 96, 97, 99, 100, 101, 102, 103, 105, 106, 107

Riel, Marguerite (*née* Monet dit Bellehumeur), 17, 53, 96, 103

Riel, Marie-Angélique, 53

Robertson, Donald, 29

Robinson, Christopher, 75

Rocheleau, Baptiste, 51

Rocky Mountains, 31

Ross, Alexander, 9

Ross, Carbatte, see Ross, Cuthbert

Ross, Cuthbert, 95

Ross, Daniel, 93, 94

Ross, Donald, 93

Ross, John, 95, 96, 97

Ross, Sherif [Harold], 67

Royal Grenadiers, 10th Batallion, 62

S

Saint-Antoine-de-Padoue, 50, 54

Saint-Denis, Joseph, 76

Saint-Denis, Louis, 76

Saint-François-Xavier (Manitoba), 11

Saint-Joseph (North Dakota), 11, 101

Saint Joseph, feast day , 17

Saint-Laurent-de-Grandin, 13, 14, 45, 50, 76, 77, 90, 101, 108

Saint-Louis-de-Langevin, 14, 42, 76, 101

St. Peter's (Montana), 17, 51, 53, 54, 55

Sanderson, Thomas, 73

Sansregret, Pierre, 84, 93, 95

Sansregret, son of Pierre, 98

Sarcees (First Nations), 9

Sarcisse, Josette, 9

Saskatchewan (District and province), 9, 14, 17, 35, 45

Saskatoon (Saskatchewan), 13

Sauvé, Charles, 23

Sayer, Guillaume, Affair, 11
Schley, Paul, 105
Schmidt, Louis, 47
Scott, Thomas, 55
Seven Oaks, battle of, 11
Short, James, 75
Short, Jim, 67, 68, 69, 97, 98
Siksikas, see Blackfoot (First Nations)
Sioux Dakota (First Nations), 11, 12, 29, 40, 101
Sioux of the Prairie Ronde (Saskatoon), 77, 79, 81, 83, 84, 85, 96, 97, 107
Smith, Henry, 95, 96, 97
Société historique de Saint-Boniface, 21, 22, 23
Société Historique Métisse, 22, 32, 46
South Africa, 100
South Saskatchewan river, 13-18, 38, 42, 50, 64, 101
Soyi-tapix, see Blackfoot Nation
Spence, Andrew, 50, 52
Stewart, Alex D., 75
Stewart, Alfred, 67, 70
Sun River (Montana), 17, 51
Swain, James, 51, 107
Swampy Cree (First Nations), 35
Swan, Jimie, 51
Swift Current (Saskatchewan), 89

T

Terry, Alfred Howe, 104
Thomas, Charles (Challius), 86
Tompkins, Peter, 60
Tompkins, William, 59
Toronto (Ontario), 28, 62
Tourond, […], 81
Tourond, Baptiste, 75

Tourond, Calixte, 85
Tourond, David, 93, 95
Tourond, Mrs. (house), 86, 87. 94
Tourond, Pierre, 86
Tourond, the, 82
Tourond's Coulee, 79
Tourond's Coulee, see also Fish Creek
Toussin, Pierre, 43
Transvaal, Republic, 100
Transvaal, War of the, 100
Treaty No. 6, 12
Treaty No. 7, 35
Trottier, Charles "Wahpass", 71, 84
Trottier, Charles' Indian god child, 71
Trottier, Jean-Baptiste, 84
Trottier, the three children, 98

U

Une Flèche (First Nations chief), see Kàpeyakwàskonam, Cree chief
Union nationale métisse Saint-Joseph du Manitoba, 21, 23
United States of America, 11, 14, 40, 43

V

Vandal, Antoine, 107
Vandal, Baptiste, 72, 75
Vandal, Joseph (nephew), 93, 95
Vandal, Joseph (the elder), 93, 94, 95
Vandal, Pierre, 75
Vegreville (Alberta), 45
Végréville, Valentin, o.m.i., 45, 91
Virgin Mary, 84